一瞬で人生が変わる

神さま=自分の法則

The Law of "God = Yourself"
That Will Change Your Life in an Instant

ゆーうがみさー
RINO

KADOKAWA

はじめに

神さま、お願いです。願いをかなえてください。
神さま、教えてください。どうしたらいいですか。
神さま、許してください。罰があたりませんように。
神さま……。
龍神さま……。
守護霊さま……。

私たちはたくさんのお願いごとを日々神さまにしています。
実はこのお願いごとは「あなたのひとりごと」なんです。

なぜかって？

神さまはあなた。自分だから。


自分が神さまだなんて、いい加減な気持ちで言っているわけじゃないです。

むしろ、暴露してつかまってしまったらどうしよう、と本気で恐れています。

けれど伝えなきゃと決めました。

そうしないと、みんなの心の炎が消えそうだから。


自己紹介が遅れました。

私は沖縄の「ユタ」という霊媒師の家系に生まれた、ＲＩＮＯと申します。

ユタのほかに「ゆーうがみさー」という、ちょっと珍しい先祖の血も継いでいます。

どちらも神さまとされる存在やご先祖さまのメッセージを受け取って、悩み相談に乗ったり、判断の手助けをしたり、必要なら祈祷《きとう》や除霊を行うのが仕事です。

最初に断っておきますが、これから話す内容は、一般的なユタさんの教えや考えとは異なります。私独自のものです。

そもそも、ユタとゆーうがみさーを兼ねる人は基本、いません。だから「お前はユタじゃない」と言われたりもするので、じゃあ伝わりやすい新しい名前がいいと思って「現代ユタ」とか「直感コンサルタント」と名乗るようにしています。

ゆーうがみさーの存在は沖縄でもほとんど認知されておらず、実際、数は少ないです。うちの家系でも唯一、私一人だけ。というか、私の拝み方を見て「そういえば昔、ひいばあちゃんがそんなやり方しよったよ」と祖母が思い出して、ゆーうがみさーの家系でもあることが発覚しました。

ユタをはじめ、世の霊媒師や占い師はだいたい道具を通してお祓いしたり人を視たり（霊視）しますが、ゆーうがみさーは「手を合わせることにすべて意味がある」としています。道具を使って2、3日かかるところ、手を合わせて5分ですみます（どちらがいい悪いではなく、単なる違いです）。

そのゆーうがみさーにも、自分で「世願人《ゆーうがみさー》」という漢字を当てました。

まぁ、名前はなんでもいいです。

とにかく小さい時から、目で見えないものを視て、耳で聞こえない存在と話すことを当たり前にやってきました。

最初は、黒龍です。私はサダハルと名前をつけていました。

物心ついた時からいつも一緒にいて、龍にしかわからない言葉でコミュニケーションをとって遊んでいました。夕方に母親が「RINO、そろそろ家に戻っておいで」と呼びに来ると、「あー、また人間のふりしなきゃいけない。サダハル、ちょっと行ってくるよ」と断りを入れるくらい、私にはどちらの世界も現実でした。

サダハルは言ってみれば「龍神さま」ですが、最初から一緒だったので相棒としか思っていませんでした。小学校に入って「へー、これが神さまか」と知った感じです。

それで、だんだん遊ばなくなりました。話もしなくなりました。

中学、高校と、まぁ普通に卒業し、内地（本州）で一人暮らしを始めました。

その時です。今、恩師と呼ぶ人との不思議な出逢いに恵まれました。その人はイタコさん、つまり霊媒師。初対面でいきなり言われたのが、

「後ろに黒い龍、ついてるよ」

そうか。あぁ、……サダハルって、いたっけ。

おかげで思い出すことができました。そして再びサダハルと話をするようになりました。一緒に大型バイクに乗ったりして、昔のように遊び友達に戻りました。

しばらくして、またイタコさんの爆弾発言。

「あんた、ここまで視えてるのに、何で霊的な仕事やらないの？」

え!?　これって視えてる世界？　普通は視えないの？　声も聴こえない？

初めて「特殊なことだ」と自覚しました。23歳の時です。自分の中ではあまりに当

然すぎたので、なんとも思っていなかったのです。

それから紆余曲折あって、この力を使って人の相談に乗ろうと決めました。相棒はサダハルです。


「サダハル、この人、心に闇を抱えているね。あの黒いの食べてあげてよ」

「よっしゃ。任せてくれ」

サダハルは短い腕をガッツポーズみたいにしてヤル気を見せます。


ある時から白龍も出てきて、3人で（と言っていいのかわかりませんが）活動するようになりました。白龍は導きの神さまとされています。成仏できない霊を天国に送る時は白龍に頼みました。

27歳の時、金龍も現れました。金龍は相棒というより、物知りで厳しい、老体の指南役。私が道を外れそうになると、愛の鞭で正します。

黒龍がやっている浄化。

白龍がやっている導き。

金龍の達観した教え――。


ある時、ふと、気付いたんです。

あれ？　これって私じゃない？

私としては、龍たちに「行け、行け」と言ってやらせていたつもりですが、人から見れば私しか存在しません。私が喋っているし、私がアドバイスして、私が供養しています。


「ねぇ、お前たちって、私なの？」


そう尋ねた時、パンッと、みんな消えてしまいました。

正確に言うと、目の前からいなくなり、私の中に入ってくるのが視えたんです。

3体の龍と私が一致した。そんな感覚。


思えば、どの龍も私の性格にそっくりでした。

カッコつけたがる黒龍のサダハル。

どこか幼いところもある白龍。

私が人の相談に乗っている時「80歳のおばあと話しているみたい」と言われる、その印象は金龍そのものです。

なるほど。そうだったのか。神さまと呼ばれる龍たちはみんな、私だったんだ。


そういう目線で周りの人を見てみると、どの人も、どの人も、そうでした。私と同じように自覚がないだけで、すべての人が神さまと一致しているのが視えました。

本人にとって姿が視えるとか、声が聴こえるとか、実感があるとかないとかは関係なく、人はみんなすでに神さまとつながっています。龍でも、守護霊でも、ハイヤーセルフでも、その人が一番信じている神さまと一致して生きている。

だから、神さまにお願いしなくていいんです。

神さまに教えてもらわなくても、許してもらわなくてもいい。

ついでに言うと、霊媒師の助けも本当はいりません。

だって、全部自分でできるから。

「神さま＝自分」の力を使えば、どんな悩みだって解決できるし、望みどおりの未来を引き寄せることができるんです。


このことを、みなさんに知ってもらいたい。

そう思って始めたＹｏｕＴｕｂｅがあっという間に広まり、全国でトークイベントもするようになって、たくさんの人が発言に耳を傾けてくれるようになりました。

なぜそうなったかというと、みなさん、心の奥底で知っているからです。

まだ半信半疑の人も、潜在意識ではわかっている。だから私の話を聞いてくれるし、この本も手に取ってくれたのだと思います。

「RINOにはもともと龍神がついてるから、何やってもうまくいくでしょ」。そう思ったとしたら、違います。

私自身「龍＝自分」だと気付くまでは、仕事も転々としたし、人ともぶつかって、そもそも学生の頃から浮きまくり。うつ病にもなり、この地球で生きることをやめたいとまで思っていました。視えたり聴こえたりする力のせいで、叩かれることも多いんです。

そこから抜け出せたのは、「龍＝自分」だと知ったのがきっかけ。

おかげで人生が一変しました。

もちろん、今でもいろいろあります。それは、あなたの毎日と同じです。

けれど以前の私と違うのは、魂の自由を本気で楽しめるようになったこと。

だから、あなたにも伝えたい。もっと自由に人生を楽しんで、豊かに、幸せになれる、たった1つの法則を。

「神さま＝自分」として、人生を再構成していきませんか？

この本では、まず第1章で「神さま＝自分」だということを、もう少し詳しくお話ししていきます。

それを第2章のワークを通じて実感してもらえるようにしました。神さまと呼ばれる存在の代表として、龍に手伝ってもらいます。

さらに、「神さま＝自分」として内なる神さまと対話するために必要な「直感力」。これに、第3章で磨きをかけていきましょう。

以上を踏まえて、人生の意味を捉え直してみませんか。

第4章では、人間界にはびこっている大いなる勘違いを指摘してみたいと思います。

そして第5章で、より個別の悩みや問題を一緒に考えていきましょう。

オマケとして、みなさんによく訊かれるスピリチュアルについての質問にも回答していいます。ついでに私のことも、いろいろ話をさせてもらいますね。

神さまは今この瞬間、そこにいます。そこ、というのはあなたです。

「神さま＝自分」ということは、自分のいる場所が常にパワースポットであり、あなた自身が祭壇のようなもの。
実際、私の目には1人1人、綺麗に輝くろうそくの炎に視えているんですよ。
わざわざ別の明かりに照らしてもらわなくて、あなたは輝けます。
たとえ停電になったとしても、慌てなくても大丈夫。
「神さま＝自分」だって知っていれば、何があっても心の炎は消えません。

第3章 直感力を磨く。すると、人生に自分で答えが出せるようになる

第4章 人生の意味を正しく捉えよう

第5章
【お悩み別】直感力に従えば、おのずと答えは見えてくる

番外編

スピリチュアルにまつわるよく訊かれる質問にお答えします

装丁・本文デザイン／菊池祐、今住真由美
装丁・本文イラスト／いたばしともこ
DTP／三光デジプロ
校正／アドリブ
編集協力／深谷恵美
編集／藤村容子

第1章

神さま＝自分
そのことに気付けば
明日が変わる

「神さま」の正体、知っていますか？　みんな神さまそのものです

龍とか、守護霊とか、守護神とか、天使、自然神、ハイヤーセルフ、日本の神さま、外国の神さま、ご先祖さま……いろいろありますね。私はそうした〝見えない存在〟とコンタクトして祈祷する「ユタ」「ゆーうがみさー」という役目をもらっています。だから毎日のように、そういうものを視たりその声を聴いたりしています。

そんな私の中では、龍も神さまも**すべてジャンルは一緒**です。

例えば人間に男女がいて、日本人とかアメリカ人という違いがあるように、「神さま」とは総称で、その中に龍神とか薬師如来《やくしにょらい》とか、それぞれ名前があるだけです。

これから神さまの話をたっぷりしていきますが、その「神さま」は、龍でも、守護霊でも、ハイヤーセルフでも、何でもいい。あなたが一番好きで、信じている存在を

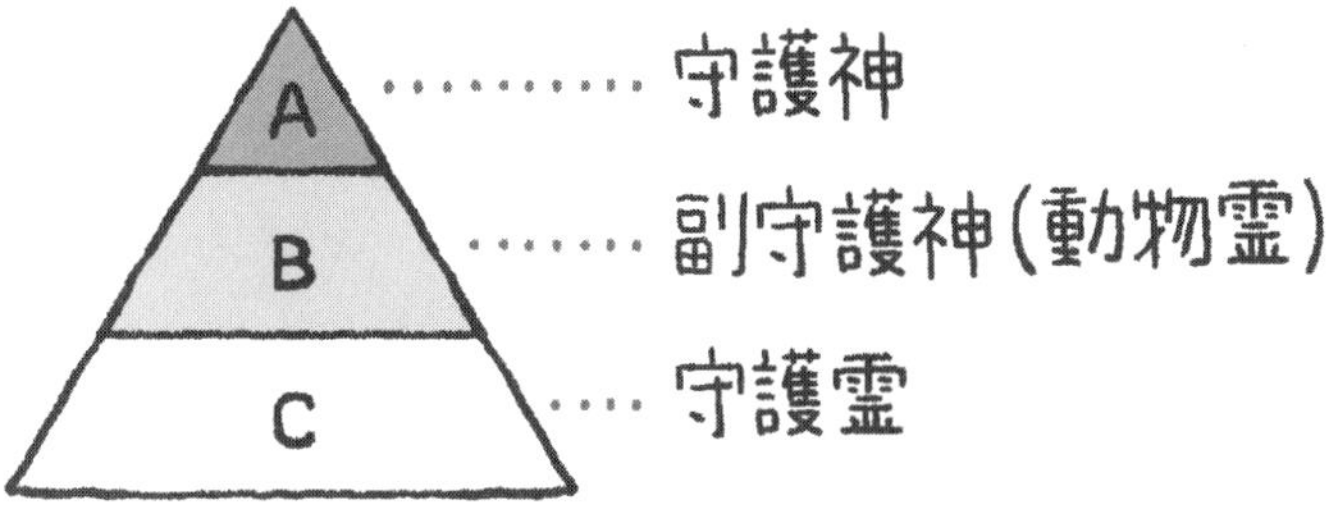

思い浮かべてください。

実は、その神さまたちはみんな、**人間界の中に存在しています**。人間界の中に存在しているとは、つまり、人間が作った神さまということです。

正確にいうと「創造主」と呼ばれる存在だけは人間界の枠を外れた「無の領域」になりますが、ここではいったん創造主も含めて「神さま」と呼ばせてください。

ところで、上のような三角の図をどこかで見たことはありますか？　これはスピリチュアル界隈で〝わかりやすい〟とされる解説図です。

神さまを横から見た図

守護神が偉い、守護霊は低い……そういう概念を作ったのは人間です。さらには、このような図に「人」は入っていませんが、「人」を枠外に置いたのも人間です。

本来、神さまの領域は水平です。上も下もありません。だから、横から見た図は上の図のようになるのが正解です。

あ、見えなくなってしまいました。視点を変えて、上から見てみましょう（23ページの図）。

神さまの中に順番はありません。そもそも、違いはありません。

一度、創造主に「お前は誰なんだ！」と尋ねてみたら、「名もなき存在」と返されました。

いろいろなところで、いろいろな人が、「龍に祈りましょう」

神さまを上から見た図

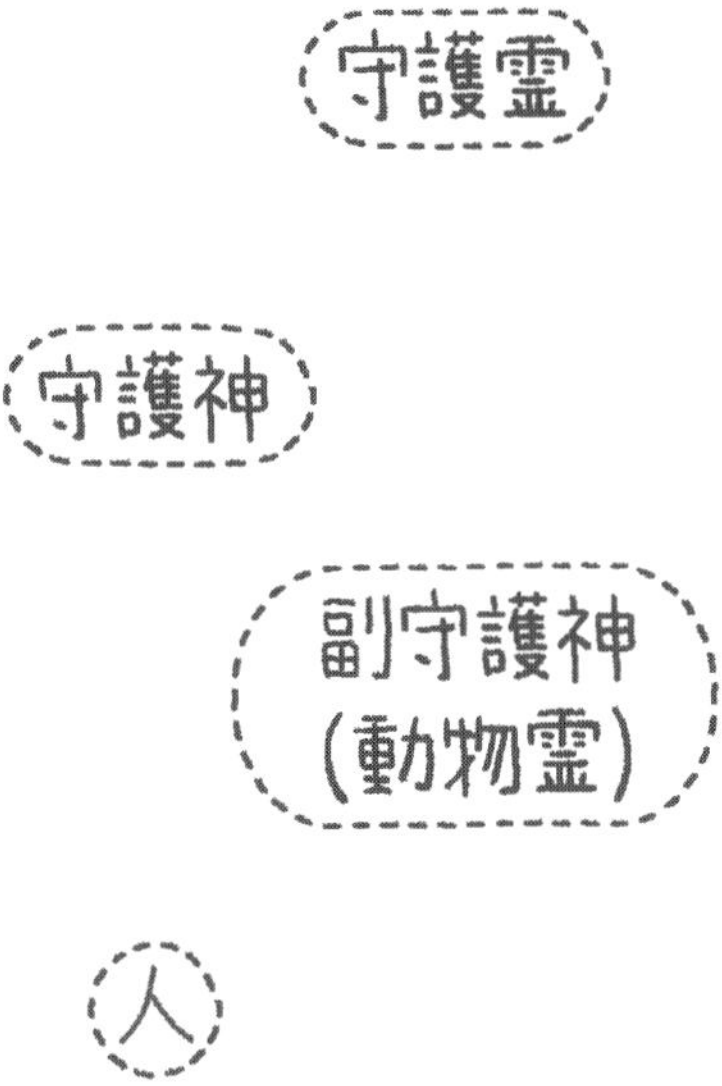

「守護霊にアクセスしましょう」と分割して言っていますが、実際は分かれていないんです。

地鎮祭で土地の神さまに挨拶したり、お盆にご先祖さまを供養したり、いろいろやりますが、神さまの正体がわかると、すべてに「ありがとう」で十分になります。

もっと肝心なのは、**神さまの世界と人間界は分かれていない**ということです。

自然界も、物質も、みんな同じ。雑草も、ペンも、もちろん「自分自身」も、神さまと分かれていません。**みんな神さまそのもの**なんです。

人には「直感」というものがあります。目で見たり耳で聞いたりして五感で確かめなくても、「なんとなく」感じることってありますよね。

（この人、もしかして、イラついてる？）

（あー、なんか、これ好きかも）

これが直感です。

直感とは第六感。いわゆる霊感、神さまの感覚です。

龍とか、守護霊とか、守護神とか、天使も自然神もハイヤーセルフも、結局、全部自分の直感。自分自身が感じていること。

だから、**神さまとは自分**なんですよ。

あれ⁉　伝わらない？　では、もう少しお話しさせてもらいます。

本当の神さまの声
それは直感、第六感

顕在意識と潜在意識という言葉があります。
はっきり意識している考えや、五感で感じる感覚、確かめられるものは顕在意識。無意識に感じていたり、気付いていたりしていない思いや感情、証明できないものは潜在意識です。

「仕事を頑張る」と顕在意識で考えているのに、「休みたい」と潜在意識で思っていると、病気になったりして結果的に仕事を休むことになる。

「仲良くしなきゃ」と顕在意識で考えているのに、「嫌い」と潜在意識で思っているから、思わずこんなこと言っちゃった、ということが起きたりする。

こんな風に「自分はこう」と自覚できているのは、顕在意識というごく一部分。もっと深い潜在意識で私たちはいろんなことを感じて、そのように動いています。

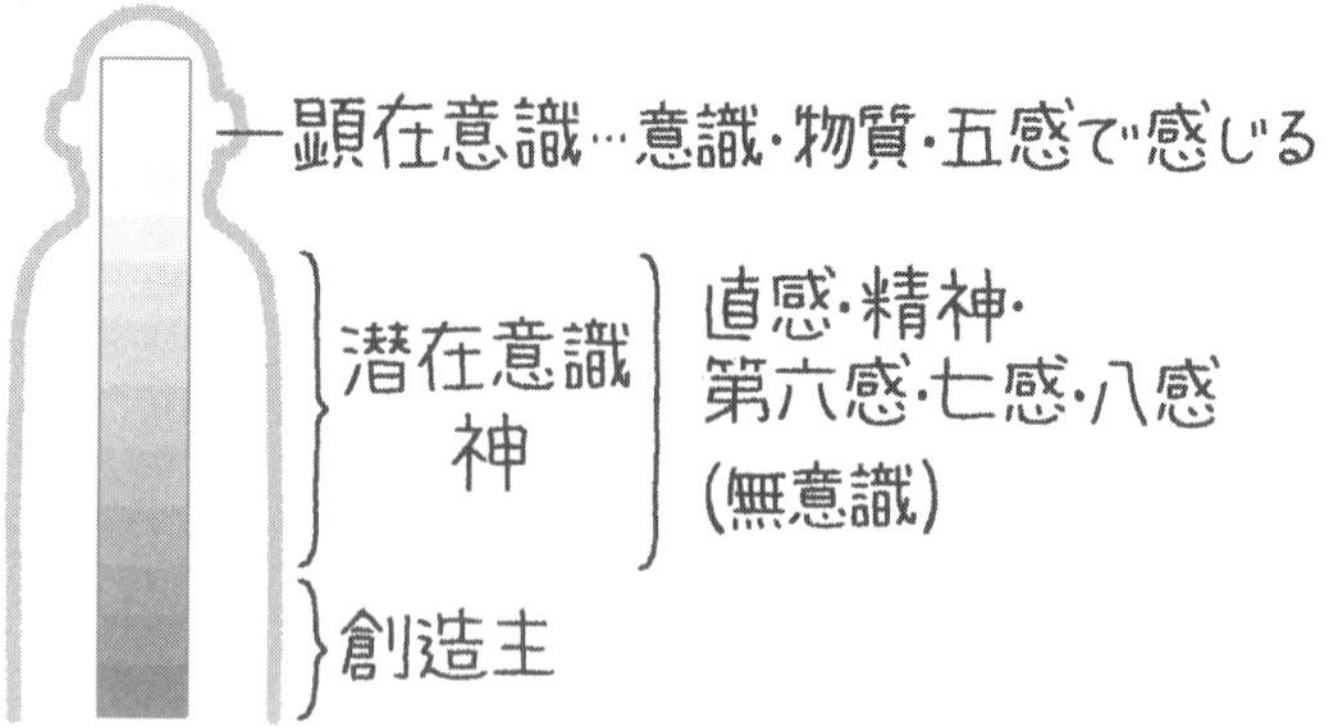

直感・第六感は、その潜在意識の現れです。

「神のお告げ」「宇宙からのインスピレーション」といったものの発信源は結局、自分の潜在意識なんです。そんな大げさなものじゃなく、日常の「そんな気がする」というのも潜在意識からの声。

21ページで見てもらった神さまの解説図を同じアングルで私が描くとしたら、こんな風にします（上の図）。

ほとんどの人が顕在意識で自覚している五感の次が第六感。そこからは潜在意識のエリアになります。

もっと言えば、人の感覚は第六感止まりではありません。第六感を磨くと第七感、八感……と開かれていきます。どんどん進んだ先の、先の、ずっと先に創造主の領域があります。その途中が神さまたちの世界です。

潜在意識、すごいと思いませんか！

忘れてほしくないのは、**その潜在意識も自分の意識**だということです。

もともと顕在意識も潜在意識もどちらも「自分の意識」ですよね。パッキリ分かれているわけではありません。ということは、神さまの世界と人間界もグラデーションのようにつながっているんです。

だから**自分の潜在意識に耳を傾ければ、道は無限大**なんです。なぜならそれが、いわゆる「神さまの声」だから。

人は、無限の可能性に憧れながら、同時にそれを恐れもします。だから見ないふりをしたくなります。自分の直感を認めようとせず、その代わりに外側の神さまを崇めたり、占いや、霊媒師に答えを求めたりします。

それもいいです。

けれど、誰かに教わった答えを鵜呑みにするだけじゃなく、「そもそも神さまって誰なんだ?」「霊媒師は何をキャッチしてるんだ?」と1つ1つ疑ってみてほしいんです。私がしている話も「本当か???」と疑ってくれていいです。

それが、自分の潜在意識、つまり神さまがいる場所の扉を開くきっかけになります。

「神さまの教えがこうだから」「占いでこう言われたから」というのを自分の直感より上に置くのは、まるで親に「勉強しなさい」「お風呂に入りなさい」「あれしなさい」「これしちゃダメ」と言われているのと同じようなもの。

大人になったら親の言う通りにしなくていいのと同じで、自分の直感をもっと信じていいんですよ。だって、それが一番近くで聴こえる本当の神さまの声だから。

神さまを自分と一致させるには心と体と魂に意識を向けよう

「神さまとつながる」「宇宙とつながる」と言ったりしますよね。

この**「つながる」とは「自分と一致させる」**ことなんです。

よく「どうしたらつながれますか?」と質問されますが、もともとみんな、つながっています。一度も切れてはいません。だから、**「神さま=自分」だと知って、心と体と魂のすべてに意識を向ければいい**だけです。

心と魂は似ているように思うかもしれませんが、別です。心は感情、魂は直感。26ページの図でいえば、心は顕在意識、魂が潜在意識です。つまり、心と体は人間そのもので、魂は神さまのエリアということになります。

次のページを見てください。この三角の図にも本来、上下はありません。ぜひ本を

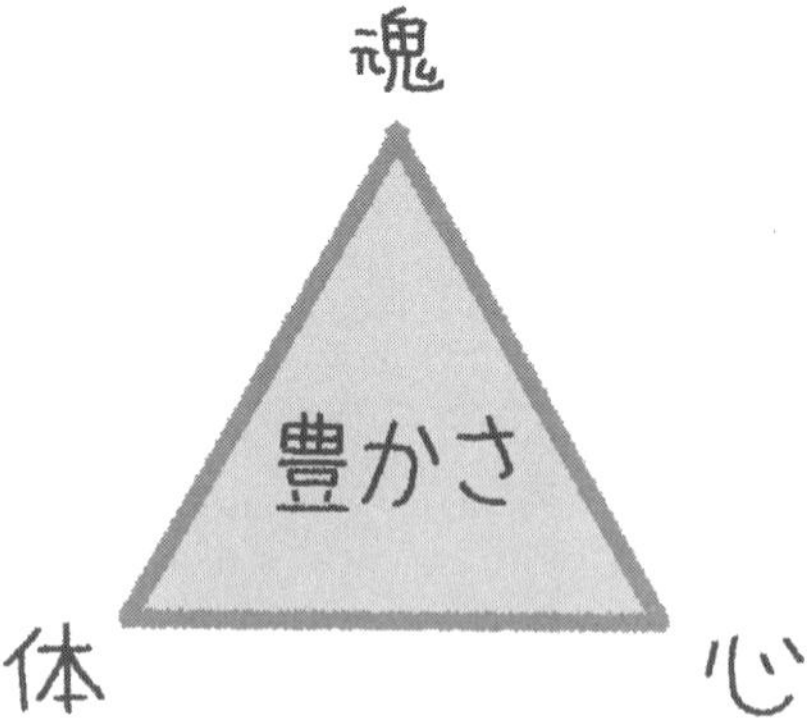

クルクル回して、てっぺんにくる文字を変えて眺めてみてください。どれが一番大事とかはなく、**心と体と魂、この三位一体が揃って自分なんだと意識することが大事**です。

三つ揃うと、真ん中に「豊かさ」が生まれます。物質的な豊かさだけじゃなく、人としての豊かさも、です。

ほとんどの人は、心と体だけが自分だと思っています。しかも、その心と体のことさえ、よくわかっていなかったりします。「魂とつながれない」「神さま＝自分だと思えない」というのは、そもそも、自分の心と体に無頓着すぎるからなんです。

正しい呼吸法

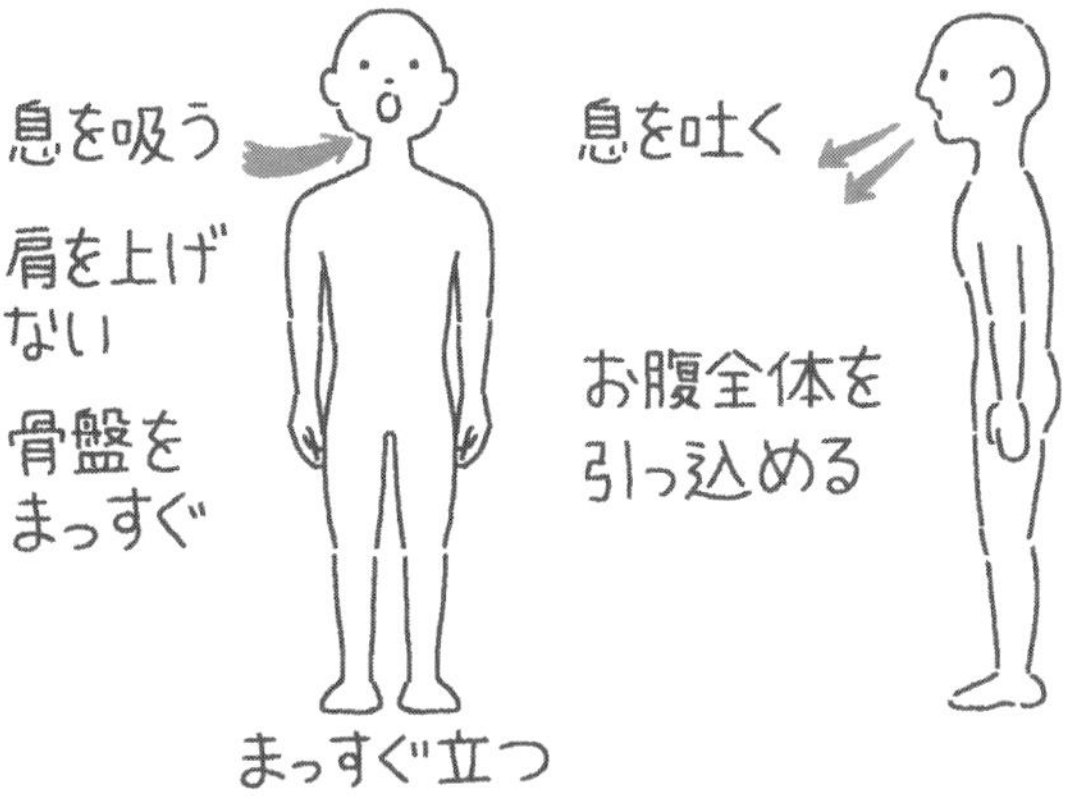

子どもは理屈抜きで神さまと一致していることが多いな、と感じます。なぜそれができるのかというと、心も体も自由だから。何が好きか、何が嫌か、何がしたいか、したくないか、自分の心をよく知っていて、その気持ちに素直です。

体力もすごいです。私も子ども時代はすごかった。沖縄の田舎育ちなので、毎日、山2つ越えて学校に通っていました。今は、近所の公園に行くのも疲れます……。

そんな私のことを見かねて、妹が体の整え方を教えてくれました。上の図の呼吸です。

妹は体のことを勉強していて、体を整えすぎた妹と人の心を知りすぎた私とでいつも情報交換し合って、三位一体を目指しています。

その妹が言うには、正しい呼吸をすればそれだけで筋肉がつくし、姿勢もよくなり、体全体が整うということです。睡眠の質も、消化の効率も上がるらしい。やり方は、

足の指5本と、足の親指の付け根、踵《かかと》。この7点をしっかり地につけて立ちます。

骨盤はまっすぐ。前傾して猫背になったり、後傾して反り腰にならないように。

大きく息を吸って、胸全体を膨らませます。この時肩が上がらないように注意。

大きく息を吐いて、お腹全体を引っ込めます。これを繰り返します。

これ、やってみるとわかりますが、かなりしんどいです。呼吸が筋トレになるというのも納得です。でも、胸への空気の入り方が全然違ってきて、びっくりするくらい体の感じ方が変わります。ぜひ習慣にして、お互いに体を整えていきましょう。

この呼吸と、あとはしっかり睡眠時間を確保して、体を休めてください。

では、心の整え方は？　はい、その話を続けていきますね。

人間界で魂（スピリット）として生きていく

改めて、スピリチュアルとは何なのか——。

目で見える、五感で確かめられる、科学で証明できる、顕在意識で学べる、つまり人間界のことの、その先がスピリチュアルです。潜在意識、直感、第六感、魂という精神（スピリット）の世界。これを宇宙と呼ぶ人もいます。

「神さま＝自分」だなんてとても思えないという人は、これまで人間界だけに意識を向けて生きてきたんだと思います。実際、社会や教育はそうなっているから、当然といえば当然です。

けれど、その人間界で生きづらさを感じる人が急増しています。

というのも、少し前まで人間界は選択肢が限られました。この家に生まれたらこの生き方、長男に生まれたら、女に生まれたら……と決まっていました。大学に行くのが正解、大手企業に勤めるのが正解……とみんな信じていました。不自由なようですが、「自分で生き方を選択しなくていい」という楽さもありました。

それが今、「自分らしく」「多様性の時代」といわれるようになり、「本当にその生き方は正解か？」と問われ続けます。

「自分はこのままでいいのだろうか」という不安や違和感にフォーカスするのは大変です。それが生きづらさにつながるのでしょう。それで近年、スピリチュアルの話に耳を傾ける人が多くなりました。

では、そのスピリチュアル家系に身を置く私みたいな生き方はどうなのか。

実は、こちらはこちらで天国じゃないんです。

私だけがそう感じているわけではありません。直感だけで生きているような芸術家や音楽家のような人たちも、お金や暮らしのことがうまくいかなかったり、人と話が通じなかったり、苦労が多いみたいです。

いわゆる「宇宙人」といわれる人たちも、この地球に生まれたからには、宇宙人であることを隠して人間界に馴染まなければなりません。スパイが「本当はスパイなんだ」と身を明かさずに活動するのと同じです。それでも、なかなか地に足がつかず、社会から浮いてしまって大変そうです。

だから、人間界が辛くて宇宙の話を見聞きした人たちが、いきなり「宇宙に帰りたい」みたいな発想に飛ぶのは、ちょっとどうだろう……と感じてしまいます。本当の宇宙人は、とてもそんなこと口にできません。

人間界が辛いんじゃありません。神さまの世界が悪いのでもない。

そのどちらかのみに属すると、生きづらくなります。

地球を選んで生まれてきた私たちみんな、本来はこの世とあの世の間に立つ存在。

人間界と神さまの世界が重なり合う、その調和の中にいるべき「人」なんです。

「神さま＝自分」というあり方は、スピリチュアル１００％で生きることじゃありま

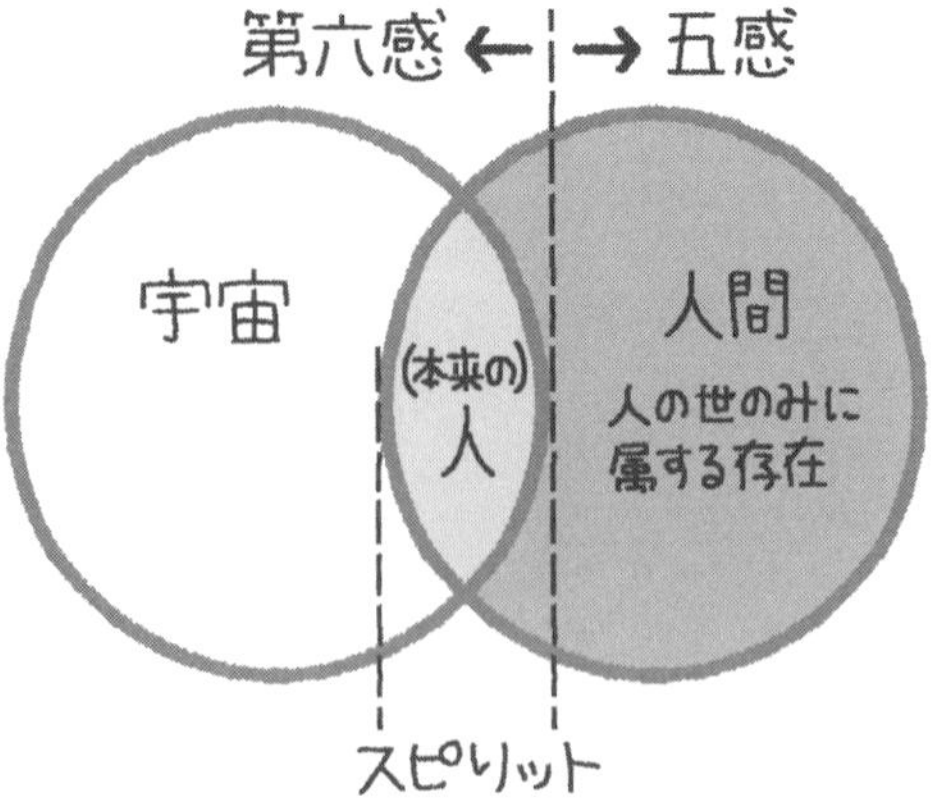

せん。人間界の中で生きながら、直感・第六感的な感性を持った魂（スピリット）として生きていくこと。1人1人が自分で答えを出して進んでいくこと。

人間界と神さまの世界、両方に足を置いて、2つの世界を調和させていきましょう。

ただし……、両方に足を置くと、今度はバランスを取るという大変さが生まれます。天秤みたいにグラグラするから楽じゃありません。でも、楽しい！

そうやって「人」として楽しく生きないと、心の炎が消えてしまいます。

神さまとつながれば自分で答えが出せるようになる！

沖縄に「医者半分 ユタ半分」という言葉があります。

例えば病気になったら、まずは医者に行きなさい。そこで原因不明と診断されても、ユタと先祖供養すれば治ったりするよ。そうやって、人間ごとも霊的なことも半々で上手に使いなさい、という昔からの教えです。

これも、人間界と神さまの世界の両方に足を置くってことですね。


ところで、なぜ先祖供養をすると病気が治るのか、知ってます？

ユタの魔法じゃないです。

ユタと先祖供養をすることをきっかけに「もう大丈夫。これで治る」と本人の脳のスイッチが切り替わるから。気持ちが変わって、考え方が変わって、行動が変わるから、「病気が治る」という結果に現れます。

「ユタさんに治してもらった」と言ってくれるのはありがたいですが、実は違うんです。ユタをはじめ、拝むだけで本当に病気を治せる霊媒師はほとんどいません。私もできません。できるのは、脳のスイッチを切り替える手伝いだけです。

ということは、わかります？ 「神さま＝自分」という自覚を持てば、自分でスイッチを切り替えられるんですよ。自分で治せるんです。なんなら「医者半分 自分半分」と、新しい言い方にしてもいいかもしれない。

そもそも、私たち霊媒師は何者なのかというと、神さまとの通訳です。「神さま＝自分」だと知って、自分の直感の声を聴けるようになれば、通訳はいりません。自分で答えを出して、進めます。


外側の力に頼って「なんとかなりますように」と拝まなくていいんです。

霊媒師や占い師の言うことに縛られず、自分の直感で決めていいんですよ。

もちろん「自分でこう思うんですけど、どうですか?」と答え合わせに私たちを使ってくれるのは歓迎です。立派な社長さんも経営コンサルタントを使うし、トップアスリートもコーチをつけます。やっぱり客観的な意見がほしいから。でも、そういう人は自分の判断や感覚を優先します。自分を一番に信じているから。自信です。

あなたも自分を信じてください。自分を信じるのは神さまを信じるのと一緒です。

「自分はどうしたいのか」と、そのつど向き合って、「自分らしく生きるには」と、とことん考えて、行動してみる。それで、うまくいったり、いかなかったりするかもしれないけれど、また繰り返す。これがありのままで生きるということ。

ありのままの自分で選択して、経験を重ねていく。すると楽しくて、幸せで、自由で、豊かな生き方になります。何億円稼ごうと、この豊かさにはかないません。

私は霊媒師という立場上、人の死に際に数多く立ち会ってきました。亡くなった後の魂ともたくさん話をしてきました。

どんな死に方をしても、不幸そうな死に顔をしている人はほとんどいません。みなさん穏やかな顔をされています。けれど結構、後悔を抱えるんです。「あれをやっておけばよかった」「本当はこうしたかった」と。こちらとしては「死んだ後にそんなこと言って、どうすればいいんですか。生きている間に考えたらよかったですね」と、手を合わせるしかありません。

私は、そんな後悔を抱えずに死を迎えたいと思っています。

あなたにも、そうしてもらいたいと願っています。

そのためには人生を無難にやりすごすんじゃなく、いっぱい傷ついて、それを糧にして、毎日に楽しさを見つけていく以外にはない。小さい時から死に向き合う環境にいて、このことを学ばせてもらいました。

あなたは今、どんな状況にいるでしょう。こういう本を手に取ってくれたということは、うまくいかないことがあったり、人生を変えたい時なのかもしれません。

大丈夫。傷ついたり、苦しいことがあるからこそ、そこから抜け出そうとして、本当に望む生き方を見つけることができます。

「神さま＝自分」である私たちはみんな平等に、その力を備えているんですよ。

私は、他者の未来も見通せるから、知っています。

人は、いくつも未来を持っています。「こうなりたい」と言って相談に来る人は、そうなる未来を必ず持っています。でも、そうならない未来も持っています。

「ここから抜け出したい」と言って相談に来る人も、抜け出す未来を絶対に持っています。でも、抜け出さない未来も持っています。

それぞれの未来への分かれ道は何なのか。

「そうなれます」「抜け出せます」という私の言葉です。その言霊で脳にスイッチが入って、みなさん望む未来に進んでいきます。

ということは、もうわかりますよね？　「そうなれる」「抜け出せる」というその未来、あなた自身にも視えているはず。視えれば確信を持って選べますよね。看板や地図で道を確認するみたいに、「この道でいい」と安心して進めませんか？

自分で視えれば、私の言葉はいりません。
今すぐ好きな未来を選んで、進みましょ！

どうですか？「神さま＝自分」ということや、本来の「人」としてのあり方が、ちょっとずつ腑に落ちてきました？

それとも、「そんな、恐れ多い」「罰があたりそう」って気持ちが湧きます？「なんとなくそうかも」「そうだといいな」という感じでも、今はＯＫです。

じゃあ、もう少し「神さま＝自分」という感覚を体感するために、次の章でワークをしてみましょうか。

第2章

龍を感じるイメージワークをしてみましょう

【ステップ1】まずは龍をイメージしましょう

「神さま＝自分」とは実際どういう感覚なのか。龍の力を借りて体感してみましょう。龍じゃなくてもいいですが、龍は日本全国で特に愛される存在で、海外でもドラゴンとして人気者です。だからワークとしてやりやすいと思います。

やること自体はとっても簡単。けれどみなさん、最初「感覚がわからない」「これでいいの？」とモヤモヤすることが多いので、セミナーなどでよく出る質疑応答のやりとりを交えながら、ていねいに進めていきますね。

では、龍をイメージしてください。

ここまでは、いいですよね？

体験者A　龍がイメージできません。
RINO　龍って知ってます？
体験者A　知ってます。
RINO　今、「知ってます」って言った龍はどんな龍でしょう？
体験者A　黒くて、ちょっと怖そうな龍です。
RINO　イメージできてるじゃないですか！　それでいいんですよ。

「イメージしてください」と言われると身構えてしまう人が多いですが、今まで必ずどこかで龍を見ていますよね。お寺で見た龍、アニメで見た龍、本で見た龍、『ドラゴンボール』『まんが日本昔ばなし』『千と千尋の神隠し』……。それを思い出すことが「イメージする」ということ。イメージできるのは第六感を使っているからなんです。

「龍を視る」というのは、今やったようにイメージを使うだけ。あなたの頭の中にあるイメージ、あなたの頭の中にある記憶を呼び起こせばいいんです。

【ステップ2】龍の顔をガシッと捕まえて正面からしっかり視ましょう

次に、イメージした龍を体の外に出してください。

出したら、龍の顔をガシッと捕まえて、正面からしっかり視てください。

体験者B　「体の外に出す」って、具体的にはどうすればいいんですか？

RINO　頭の中でイメージした龍の眼は何色でした？

体験者B　えっと……。そこまで思い浮かべてませんでした。

RINO　うん。頭の中だけではイメージがぼやっとしがちなんですよ。
だから一度、頭から外に出すように空想して、集中してじっと視る。
鏡のように向き合って、手も動かして、リアルにして観察してください。

前よりイメージがはっきりしましたよね。これが、私たち霊媒師が視ている龍です。みなさんと同じようにイメージしているんですが、もっとしっかり視えています。

霊媒師は何者かといったら、このイメージが得意な人。妄想が得意とも言えます。妄想なのに的確だから仕事になっています。練習すれば誰でも能力は磨かれますよ。

体験者C　龍じゃなく、キツネに視えるんですけど、どうしたらいいですか。

RINO　キツネでいいです！　自分が神さまだと思うならタヌキでもいい。
そもそも龍も「この姿が正解」とかはないので、浮かんだものでOKですよ。

【ステップ3】龍の眼を視て「あなたと向き合わせてください」と言いましょう

さぁ、龍の顔にどんどんズームインして、眼をじっくり視てみてください。
眼を視ながら「あなたと向き合わせてください」と言ってみます。
龍はどんな様子ですか？　その眼の印象は？

楽しそう、寂しそう、綺麗、可愛い、おどおどしている、怖そう、強そう……。龍を視て感じた印象、それがズバリ、あなたです。

例えば私は『千と千尋の神隠し』のハクが出てきて、クリクリで可愛らしい眼だな、と思いました。ところが実際のハクの絵を確認したら切れ長でつり目のキレイ系。また別の人は同じハクを思い浮かべて「猫のような眼」と言っていました。どういうことかというと、みんなそれぞれ自分自身の印象を龍に当てはめているんです。

あなたの龍はどうですか？　その眼はどんな印象ですか？

体験者D　黒くて強そうです。

RINO　「元気だね」って言われません？　でも時々、人に怖がられたり。

体験者E　あまりに綺麗な龍の眼で、自分と似ても似つかない……。

RINO　自分の一番いい状態を視せてもらっている。あなたですよ。

体験者F　龍がスイスイ飛び回って、眼にフォーカスできません。

RINO　それで何を感じました？

体験者F　自由にやってるなって。

RINO　それが今のあなた。「自由で楽しそう」と周りからも見えてます。私も飛び回る龍を視ることがあるけど「落ち着きがない」って思う。同じような龍を視ても感じることは人それぞれ。結局、自分なんです。

【ステップ4】「あなたは私か？」と尋ねてみましょう。その反応が本質的な自分です

最後に、龍に向かって「あなたは私か？」と確かめてください。
そう尋ねてみて、あなたは何を感じますか？

体験者G　私じゃないって言ってる気がします。違うって首を振ってるから。
RINO　首を振る龍っていないんですけど。振ったように感じました？
体験者G　あ！　そう感じたってことが、すでに自分なんですね。
RINO　はい。あなた以外に誰も首を振っている龍は視ていませんから。

龍に尋ねて否定された、肯定された、そもそも「龍＝自分」「神さま＝自分」とは思えない、そういう反応や心の動き。これが今のあなたの本質的な部分。神さまの声

の正体はこれなんです。自分が今、感じていること。

体験者H　龍だったはずなのに、ゴマフアザラシに変わっちゃいました。

RINO　どんなゴマフアザラシですか？

体験者H　めっちゃ可愛いかった。でも私は大柄だし、似てないかも。

RINO　あなたの内面です。少女のような可愛らしい心が隠れてますね。

体験者I　気持ちよさそうに泳ぐ龍の姿が自分と違いすぎて……偽物ですか？

RINO　むしろ今のあなたが偽物じゃない？
龍が幸せそうならそっちが本物のあなた。そこに向かいましょ。

体験者J　龍を出して向き合うのと、自分を客観視するのとは別ですか？

RINO　いい質問！　一緒です。自分を客観視できないから龍でやっている。
客観視の練習、向き合う練習として、どんどん龍を出してください。

内なる龍と向き合えたら会話してみましょう

龍に話しかけても何も反応がなかった、という人、いますか？
実は、普段から自分の心の声と向き合っていないと「何も反応しない」「何も感じない」ということが結構あります。
大丈夫。これも回数をやっていけば上達します。

初めはイエスかノーで答えられることから尋ねてみてください。「今日の空は青いと思う？」「今日は雨だね」というように。すると龍が「うん、うん」と頷いたりします。自分の中で答えを知っているものは、龍もわかりやすいリアクションを返してきます。

けれど、自分の中でわかっていないことを尋ねると、龍がわけのわからない動きをしたりします。そうなったら「じゃあ、こっちだと思う？」「違うの？　あれが正解？」と、やはりイエスかノーで答えられる質問を繰り返す。すると会話が成立してきます。

会話する癖がついてくると、イエス／ノー以外にも、いろいろ喋るようになります。けれど、どんなに話せるようになっても、「どうしたらいい？」「どうしたい？」とオウム返しで繰り返されて、らちがあかないことも多いです。

私に言わせれば、これこそ神さまの言葉である証拠。

「どの選択をしても、俺はあなたで、あなたは俺。好きにしていいんだよ」。これが神さまの一貫した答えだから。つまり「自由がいい」「自由でいたい」というあなたの本音です。

人から見たら「なに独りごと言ってんの？」という話ですが、うすうすわかっていましたよね。

神さまとの会話とは自分との会話。自分の妄想と喋ることなんです。

妄想をバカにしたらいけません！

そもそも世の中はあってないような世界です。

今あなたが「現実」と思っている世界は、あなたの思考と記憶、感情でそう捉えているんです。ワークで龍をイメージした、あの妄想と変わりない。

その妄想力が直感力です。現実的な答えも、魂の声も、それが教えてくれます。

内なる龍にいつも「あなたは私か？」と尋ねてみて

龍を視るのは、自分のイメージの中でのこと。

龍の姿は、自分の本質。

龍の声は、自分の本音。

この感じ、少しずつ、掴めてきましたか？

今はまだ龍とか神さまが遠い存在に思えても、そこに自分をどんどん近づけていってください。「なるほど……私かも？」と少しでも思えたら「カモン！」と自分の中に吸収してください。これが神さまと一致するということ。つながるということ。

これからはお寺で見る龍も、アニメの龍も、どんな龍も自分の顔にしてみてください。その顔が怒っているなら「何で怒っているの？」と尋ねてください。

悲しそう、退屈そう、イライラ、モヤモヤ、鬱々《うつうつ》……そのたびに「何が嫌なの？」「何が怖いの？」「なんで悲しいの？」「どうしたら楽しくなる？」「どうしたい？」「どういうのが好き？」と訊いてあげる。これが自分と向き合うということ。

それをしないでずーっと神さまとして崇めてばかりいると、そのうち自分の顔が龍に乗っ取られますよ。

冗談ではなく、たまにいます。龍だけじゃなく、キツネ顔の人とか、闇にのまれたような顔つきの人とか。その共通項として、寝不足のような顔をしていたら乗っ取られている可能性が高いです。もし「昨日、眠れなかった？」と心配されたら、「神さま＝自分」だということを思い出して、自分に話しかけてくださいね。

人はブレる生き物です。ブレるたびに、このワークをやって龍を出してください。繰り返し、繰り返し、対話してください。

私もたまに龍を出します。あれこれ喋ったり、仕事も「代わりにやって」と頼ったり。「自分だけどね」と思いながら。

龍のせいにしていい。代わりにもっと自分を褒めてあげよう

「私はすごい」「私は強い」「私は可愛い」「私は何でもできる」「私の願いは叶う」

そう、言えますか？　言ってみて「その通りだ」と、心底思えますか？

「龍はすごい」「龍は強い」「龍は可愛い」「龍は何でもできる」「龍は願いを叶える」

これなら、どうですか？

日本人は謙虚な人が多いので、自分に対する褒め言葉をなかなか口に出せません。心の中でも自分を褒めることは少ないです。けれど、龍という別の存在なら「可愛い」「かっこいい」といくらでも褒めることができますよね。

本当は「龍はすごい」じゃなく、「私はすごい」と言ってほしいです。でも、言えないうちは「龍は」「私の龍は」でいいから、いっぱい自分を褒めてほしい。

反対に、自分の嫌な部分はしっかり自覚して、責める人が多いですが、「自分が悪い」「自分のせいだ」と思いそうになったら、いっそ龍のせいにしてください。人のせいにしたくなる時も、龍のせいにしてください。

「私には無理」「うまくいくか不安」と思う時、「やってみようかな。龍がついているから」「できるかも。龍が導いてくれるから」と思うと進めませんか？　だから、みなさんお参りに行くし、神さまという存在に手を合わせるのだと思います。

何かの助けを得られた心強さがあると、人は動きやすくなって、安心して進めます。これがスピリチュアルという分野が存在する理由。

これからも「神さまが」と言ってもいいです。いきなり「神さま＝自分」と完全に思えなくてもいいです。**どう思おうと実際に進むこと、やってみることが大事だから。**

でも、その行動をさせているのは、あなた。行動しているのも、あなた。

魂と心と体を一致させて、三位一体で進んでいってくださいね。

第3章

直感力を磨く。すると、人生に自分で答えが出せるようになる

直感力を磨いて自分をパワーアップ！

私には当たる宝くじが視えます。当たるパチンコ台も視えますよ。

みなさん「いいな。その能力欲しい」と言ってくれますが、この力は誰でもすでに持っています。それが、直感力。

龍のワークで龍をイメージした、あの感覚です。

もう一個、やってみましょうか。

次ページの図を見てください。ボールがあります。

はい。ボールをイメージできましたね。これも直感力。

直感力がなければ「紙」としか思えません。

この力、誰もが日常で使っています。

例えば、レストランで美味しいものを食べた時。料理は美味しいけれど、店員さんの雰囲気がなんとなく悪い。そうすると「もう二度と来ない」と思ったりしません？

「美味しい」と感じるのは、五感の味覚です。「雰囲気が良くない」と感じるのは第六感、直感です。店員さんのひどい言動を目で見たわけでも耳で聞いたわけでもないのに、ふとしたことで空気を感じ取っています。

そして、「二度と来ない」という、自分の未来を決めている。そのおかげで「嫌な気持ちになりたくない」という自分の望みを叶えることと

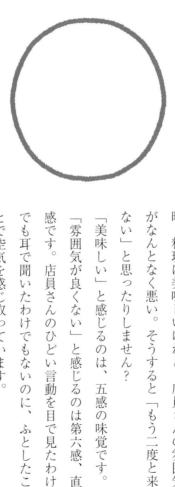

ができるんです。

このように、**人は直感力を使って、自分が生きたいように動いています。**

これも、試してみましょう。


ペンを手に取ってみてください。


ペンがなければ飲み物でもスマホでも何でもいいです。

右手を使った人、いますか？　左手を使った人は、いますか？

どちらの手だとしても、なぜその手にしたのでしょう？

「近いから」「楽だから」「右きき（左きき）だから」……ですよね？

直感で「このほうがやりやすい」とわかっているほうに体は自然に動くんです。

「たまたま、そっち側にあったから」だとしても、そこに置いたのも自分の直感。

改めて自分の24時間を思い浮かべてみてください。ほとんど、この直感で成り立っていませんか？

私たちはこれほどすごい機能を持っているのに、自分の直感力を信じない人のほうが多いです。神さまの力や、私の言葉は信じてくれるのに、自分の直感力は軽視します。私にもあなたにも降ってきている直感は一緒なんですよ。龍をイメージできること、龍の反応や、そこから感じることもそうですし、例えばお母さんには赤ちゃんの言いたいことがわかりますよね。ペットを飼っているなら、いつも話しているんじゃないですか？　それも直感力です。

なのに「わからない」「感じない」と否定される方もいらっしゃいますが、私はそちらのほうを疑いたくなります。

たぶん、直感力、第六感、霊感のことを、特別なものだと思いすぎているからですよね？　もうわかってもらえたと思いますが、みんなにこの力はあるんです。

私はペンの声も聴けますよ。

さっき持ったペンに向かって「実は話しかけてるんじゃない？」「私に言いたいことある？」とアンテナを向けてみると、何か感じません？

自分で答えを出し、選択して人生の主導権を手にしましょう

みなさん「使命がない」「使命を見つけたい」と言いますが、命を使っていること自体が使命です。生きていること自体が、すでに使命なんですよ。

そう伝えると、「使命の実感がない」「生きている実感がない」と、つぶやく人がいます。正直に打ち明けてくれてありがとう、と思うから、私も正直に言わせてもらいます。「一生懸命、生きてこなかったですね」と。

一生懸命に生きるとは、考えること。

幸せに向かうために、自分で考えて、選択していくこと。

ここで直感力の出番です。

人間界の常識や顕在意識の思考だけじゃなく、その奥から聴こえてくる本当の自分

の声に耳をすませる。自分の中の神さまと対話しながら選んでみる。そうやって1つ1つ答えを出していくのが、本来の人として命を使うことなんです。

自分で決めて、自分で選択して、答え合わせをして、正解でも間違いでも次への糧にして、楽しい毎日にしていく。それが豊かな人生です。そうじゃないと、「幸せになりたい！　なりたい！　なりたい！」といくら願っても、なかなかいい人生には向かいません。

「私の人生は、私に主導権がある」「私の世界は、私がすべてだ」くらいの勢いで答えを出していかないと、いつまでも生きている実感がないまま、時ばかりが過ぎてしまいます。

せっかく持っている直感力を、なぜ人生の問題に使おうとしないのでしょう。

直感に従って、失敗するのが怖いから？

打ち明けますと、私は直感力のプロですが、それでも自分のことでは外れることもあります。けれど、**外れても失敗にはなりません**。直感に従ってみて「違ったか」と思っても、その後に行動修正して巻き返せたら、正解になります。

または、答えの出し方がわからないから？

それもあるかもしれません。けれど、ちょっと見方を変えてみてください。

私たち霊媒師は本人の代わりに答えを出して、伝えます。ところが、どんなに可能性の高い未来を伝えても、本人がどこかで「違う」「そうじゃない」と感じると、その答えを受け取ってもらえません。

だから私たちは、いろんな角度から言い方を変えて、本人が「確かにそうですね！」と素直に受け取れるまで、伝え方を探します。

どういうことかというと、**本人の中にすでに答えがある、ということです。それに照らして私たちの言葉を「違う」とか、「確かにそう」と、取捨選択しているんです**。

例えば、雑誌やウェブの占いを見ても、その時ピンとこなければスルーしませんか？　または一瞬「なるほどね」と思っても、すぐに忘れてしまったり。それはあなたの直感が必要な答えとそうじゃない答えを振り分けているからです。

やっぱり自分の中に答えがあるんですよ。

それに直感力で耳をすませばいいだけです。

「自分で答えが出せる」と自信を持って、答えを出そうとしてみてください。

一度「これだ！」と決めたとしても、コロコロ変えてもいいですよ。朝に言っていることと、夜に感じていることが違ったら、そのつど軌道修正して大丈夫。

霊媒師や占いを使うなら、「自分はこう思うんですけど、どうでしょう？」と答え合わせに来てくださいね。そこで聞いたことも参考にして、最終的に答えを出すのは、やっぱりあなたの直感。

あなたの最良のアドバイザーは、あなたの直感です。365日、時間制限なく、無料で相談し放題の素晴らしいアドバイザー。一番いい答えがわかっています。

もともと日本人は直感力が鋭いと言われています。

昔の昭和の歌は、感性をくすぐる歌詞が多かったですね。はっきりと言葉にしなくても、ほのめかすだけで伝えられるし、受け取れる。「月が綺麗ですね」と言うだけで「好き」という気持ちを伝え合ったりして、昔の人は本当にすごい。

すでにある、その力を目覚めさせる練習を、この本でたくさんやっていきましょう。

直感力を磨くには丁寧な所作を意識しましょう

現代人が直感を信じられなくなったのは、**五感が忙しすぎるから**です。

五感の次が第六感・直感なので、五感が貧乏だと直感力も貧しくなります。貧乏な五感のままいくらヨガや瞑想をしても、なかなか直感力を研ぎ澄ませるのは難しい。

反対に、**五感を豊かにすると、直感力はどんどん伸びます**。

なぜ、五感が忙しいと感覚が貧しくなってしまうのか。

例えば、大都会の雑踏でたくさんの人がいると、どうでしょう。視覚も聴覚もキャパを超えてしまうから、人は感覚を麻痺させようとします。その証拠に、雑踏の中ですれ違った人のことは、ほとんど記憶に残らない。

私も経験しました。東京に初めて一人で行った時、道に迷わないか心配で、スマホの地図ばかり見て、感覚を完全に閉ざしていました。

しかも「やっと近くに来た」と思って顔を上げたら、頭の上に電車がガタンゴトンと走ってきて。見ると周りはサビた自転車だらけ。変な臭いもします。怖くて怖くて泣きながらウロウロしていたら、車に「ペーッ」とクラクションを鳴らされて。こんな五感が騒がしいところで生きていたら直感力はなかなか芽生えないな、とつくづく思いました。


その場所も、何十年か前までは周りにほとんど家もなく、夏の匂いとか、雨が降りそうな空気とか、虫の音とかを感じながら人が暮らしていたんじゃないかと思います。人里離れると五感が暇になるので、綺麗な花を探したり、鳥のさえずりに耳をすましたり、自分から五感のアンテナを立てて感じようとするものなんです。

五感を暇にするためには、**ゆとりが必要**。空間的にも、時間的にも、気持ちにも。人里離れた場所に引っ越さなくても、今の生活の中で少しでもゆとりを持つよう意識していきましょう。では、さっそく練習しますよ。

さっき、ペンを手に取ってもらいました。

同じように持って、元の場所に置いてください。

もう一度、置きます。今度はペンが着地するまで意識して丁寧に置いてください。

どうでしょう？　雑に置くのと、丁寧に置くのとでは、1秒も変わりません。けれど意識の差はすごくあることを感じませんか？

バンッと置くのとゆっくり大切に置くのとでは、空間が変わるのも、わかります？

この差が五感の豊かさ、直感力につながっているんです。

ちょっと背伸びしたバーに行くと、いつもと飲み方が変わりませんか？　丁寧に飲むとお酒の愛おしさに気付けますよね。茶道や華道も本当にすごいですよね。そういう丁寧な時間を日常の中に少しでも取り入れることが感覚を磨くのに大事なんです。

そうはいっても、私も小さい子どもがいるので日常の全部を丁寧にはしていられません。けれど、**ドアを閉める一瞬だけでも丁寧に**、と心掛けています。

「1ミリだけ難しく生きる」という言葉がありますが、いきなり全部をやろうとすると続かないけれど、何か1つでいいので集中してやってみることをおすすめします。


だから、できるだけ、のんびり過ごしてほしいと思います。

たまに東京に行くと、みなさん歩くのが速くてびっくりです。私もそのペースにのまれるから、沖縄に戻るとドッと疲れが出ます。

忙しいのはわかります。でも、効率優先で雑に、急いで何かをして生み出した自由時間は、やっぱり雑に急いで過ごしてしまうものなんです。


ついでにもう1つ、大事なことを伝えます。**ペンとかドアのような、ふとした物を丁寧に扱う習慣ができると、自分のことも大切にできるようになります。**

そうすると、人からも大切にされるようになります。

騙されたと思って、試してみてください。

五感を豊かにすれば直感力はさらに磨かれます

五感を暇にする方法がわかったら、五感を豊かにしていきましょう。
それはとても単純なこと。五感に心地よいことをして、それを感じればいいのです。

まず、**美味しいものを食べる**。

同じじゃがいもを食べるのでも、たまに北海道の農家さんから買ってみると、ものすごい感動です。蒸して塩を振るだけでも「こんなに美味しいのか！」と。

食べ物さえ豊かなら心が豊かになると私は信じています。どんなに怒っていても、美味しいものを食べると機嫌が直りますよね。おにぎり1つでもできますよ。

自然界や、美術館などで、**綺麗なものを目に映す**のもおすすめです。

頻繁に行けないのなら自分の家をパワースポットにしてみましょう。どうするのかというと、**部屋を綺麗にして、静かな時間を持つ**んです。汚くて騒がしい部屋では、やっぱり五感が忙しくなって、人は無意識に感覚を閉じようとします。

直感力が鋭すぎる私は、あえて何も感じたくない時、爆音で音楽を聴きます。そうすると確実に鈍ります。それくらい関係しているんです。

さて、ここまでは基礎トレーニングのようなもの。直感力を磨くために一番大事なのは、直感を使ってみることです。使ってみて「これは当たった」「これは外れだ」という**答え合わせの繰り返しで、直感力は磨かれていきます**。仕事でも、スポーツでも、料理でも何でも、上達ってそういうことですよね？

私は保育園の時から直感の答え合わせをしていました。「あの子、私のこと嫌いかも」と感じたら「私のこと嫌いだろ？」とズバリ訊いたり。そのリアクションを見て、当たり／外れがわかります。そうやって統計を取りながら磨きをかけてきたんです。

まぁ、そんな風に人に直接、訊かなくてもいいです。直感で行動してみれば当たり／外れはわかります。くどいようですが、外れても巻き返せますから、大丈夫です。

思い込みは捨てて！疑うことはとても大事

直感力がどうも目覚めてくれない、と思うなら、自分の**顕在意識を疑ってみてください**。

顕在意識で感じたこと、例えば「オレンジ色に見える」と思ったとしても、「何でオレンジに見えるんだろう」「オレンジに何の意味があるんだろう」と全部、疑ってみるんです。そうすると、「オレンジというより黄色っぽいな」ということに気付けたりして、五感の鋭さが違ってきます。

何より、**今、感じている世界のほとんどは自分の思い込みだ**ということに納得がいきます。

思い込みとは、顕在意識で普通に当たり前だと思い続けてきたこと。

それを疑ってみると、それより深いところで眠っている直感力が目覚めてきます。つまり、疑うべきは自分です。自分が当たり前と思っていること、自分が正しいと思い込んでいることは、本当にそうなのか？　といちいち疑っていくんです。

私も「夜に爪を切るのはダメ」というのを1年くらい前まで守っていました。でも急に「あれ？　何でダメなんだ？」と疑いが出てきたんです。

「パチンパチンという音で霊が寄ってくるのかな」。そう思って怖々とやってみたら、まったく集まってきませんでした。

ネットで調べると「昔は電気がなくて、暗いところで爪を切ると怪我をして……」という情報が載っていました。「じゃあ、今は該当しないよね」ということで、それ以来、夜も爪を切っています。あの時、疑わなければ、今も守っていたでしょう。

これ、笑い話ですまないです。同じように勝手な思い込みで本質から外れていることが、誰でもいっぱいあるはずです。そのせいで思考にも行動にも直感にも制限をかけて、そこ止まりになっていること、とっても多いんです。

過去をもとにして今の自分があります。「お母さんのあの教えは正しかったのかな」「先生が言っていたことは本当だったのかな」「上司の指導は正しかったのかな」「このしきたり、本当かな」と、疑ってみてください。

それを採用した自分、今日まで守っている自分を疑って、「じゃあ、何が本当だと思う？」と改めて自分と対話して、直感で新しく選び直していくんです。

人生を変えるとは、こういうこと。

その更新した自分も、やっぱり疑っていかなければいけません。

だから生きるのって大変といえば大変なんです。けれど、こうやって自分の直感に素直になることが、思うままに生きるということなんです。

疑いの目を持つと「あれ？　おかしいんじゃない？」「なんか違う気がする」という違和感がいっぱい出てくると思います。

それを勇気を持って受け入れてみてください。

感じていることをごまかしたり、感じたことを隠したり、感じているのに素直に動こうとしなかったり。そうやって直感を無視すると、どんどん力は鈍っていきます。

教えられたこと、みんなの意見、世間の当たり前を鵜呑みにするほうが、生きるのは簡単かもしれません。でも、嫌なことも避けられる代わりに、ものすごく良いことも失われてしまいます。

私も今、直感で進んで、答え合わせをしながら生きています。

「あの人、偉そうな話してるけど好き勝手に生きてるよね」と陰口を叩く人もいます。でも、好き勝手に生きてるから直感力があるんだよ！　と反論したい。好き勝手に生きないで、「こうしないといけない。常識だから」「こうしないといけない。みんながそうだから」で生きていて、どうやって直感が伸びるんだ？　と尋ねたい。

自分の直感を優先すると、世間とバランスを取るのが難しくなるかもしれません。ここも、やっぱり天秤です。自分の直感と世間の常識、片足ずつ載せて、バランスを取る。なかなか難しいけれど、自力でバランスが取れた時に魂は成長します。魂にポイント制度があるなら、そこでポイントが1つ、上がっていきます。

直感と、人間としての経験値。ここも大事なバランスです。直感だけ磨こうとしてもダメなんです。

26ページと36ページの図を、もう一度、見てもらえますか？

そもそも直感は顕在意識ともつながっているし、直感的な世界と人間界の現実が重なり合った調和が「人」でしたよね。**直感力を磨きながら、現実的な経験値や心の豊かさも深めていかないと、せっかく磨いた直感を活かしきれない**んです。

直感の鋭い子どもに「今、飴をもらうのと、1時間後に1万円もらうのと、どっちがいい？」と訊くと、「飴！」って言いますよ。1万円でどんな得が得られるかという経験がないから、目先の飴玉に食いついちゃう。

大人もそうです。この章の初めに、当たる宝くじやパチンコ台が視える話をしましたが、そんな目先の欲のために直感力を使っても、人生はさほど良くはなりません。

じゃあ、何のために直感力を使うの？　その話をもう少しさせてもらいますね。

選択できることに感謝。豊かな人生は約束されている

学生時代、吹奏楽部に入っていました。母親が「そうしなさい」と言ったから。高校は商業高校でした。母親が「資格を取っておきなさい」と言ったから。その高校は奨学金で通いました。やっぱり母親に「そうしなさい」と言われたから。

奨学金の制度がよくわからないまま申請して、卒業した途端、学校から「奨学金のお金を返せ」と言われ、何の話か全然わからず慌てました。

おまけに1日800円もかかるバス代とスマホ代とおやつ代もバイトで稼がなければならなかったから、本当にキツかった。あんなにまでして高校なんて行きたくなかったと心底、思います。

母親が私のことを思ってくれた気持ちはありがたい。だけど、簿記1級まで取っても、私の場合は何の役にも立っていません。

その代わり貴重な教えをもらいました。**自分に選択できる能力をつけないと、人生全部レールに乗せられていく**。それではまったく面白くない。息苦しいだけ。

高校卒業後に沖縄を出て一人暮らしを始めた時、やっと羽が生えた気がしました。「何を選んでもいいんだ」「何してもいいんだ」と初めて感じることができました。

そう思いながらも、「レールがないって怖い」とも思いました。

あなたは今、どうですか？　どちらで生きていきたいですか？

ここまで「選択！」「選択！」と口酸っぱく言ってきましたが、**選択しなければならないということは、選択肢がある**ということ。

選択肢があるということは、そのどれもできる位置にいるということです。できない人には選択肢すらないんです。

例えば、３００万円の投資話があるとします。やるか、やらないか、という選択肢になりますね。でも、３００万円持っていなければ、その選択肢はないんです。

どんなことも同じです。選択肢があって迷う、何を選んだらいいかわからない、自分で全部選択していくのはしんどい、と思う時、まず「自分はどれもできるんだ」ということを思い出してください。

投資の例では「やるか、やらないか」と、わかりやすい書き方をしましたが、本当は「投資をするか」「新しい仕事の資金にするか」「豪華な家族旅行をするか」……というように、常に「これにするか、どれにするか」という選択肢になっているんです。「今はお金を使わない」としても、「次、これにお金を使う」「今は貯金をする」という選択肢だということ。そう捉えると、迷い方が前向きになってきませんか？「こんなにあって選べない」と思うのか、「こんなに選択肢がある。こんなに選んでいい」と思うのかで、心の豊かさが違っています。

選択肢がある時点で、もう飛躍しかないということ。その中で、直感を使って心が躍るほう、心が喜ぶほうを選んでいってください。

何か1つを選ぶと、今度また、別の選択肢が出てくるでしょう。

そうやって1つ1つ、進んでいく。その1つ1つが飛躍です。

学校の宿題には、必ず答えがあります。ゲームでも攻略本が売られています。人生の課題はもう少し複雑だけど、必ず答えはあります。その答えは自分の直感が知っています。

答え合わせはどうするかというと、やっぱり外にあるんです。

例えば、「この仕事のやり方をしよう」と選択したとします。それが正解なのか答え合わせをする時は、外側を確認してみてください。「人が喜んでいるか」「お金がついてきているか」という風に。

頑張って選択していってくださいね。そのために直感力を磨いていきましょう。

まぁ、そんなにすぐには霊媒師レベルまで飛び級はできないです。赤ちゃんの時を思い出せばわかりますよね。まずコップを持つことから練習して、スプーンを使う練習もして、だんだん綺麗に食べられるようになりました。

あなたはあなたのペースでいい。必ず自分で答えが出せるようになりますから。

「自分なんか何もできない」の箱を開けよう

ここで、質問です。

あなたは今からF1レーサーになれますか?

イエスかノーで答えてください。では、次の質問です。

自分がヘルメットをかぶってF1レースに出ているイメージはできますか?

イメージできたら、F1レーサーなれますよ。
レースに出ているイメージはできなくても、「コクピットに座るくらいだったらできるかも」とイメージできるなら、体験しに行けます。

じゃあ、もう1つ。

コンビニに行って唐揚げを買ってきてください。

これは完璧にイメージできますか？　イメージできて、行けちゃいますよね。

けれど、例えばコンビニのない国から来た旅行者には、たぶんイメージできません。

どんなことでも**イメージできるものはあなたの未来にあります**。遠い未来ではなく、今すぐに、です。

もしも今、「もっとできる気がする」「ここ止まりじゃないはず」「本当は好きなことがあるんだけど」と思うなら、できます。すぐ、現状から出たほうがいいです。

「イメージと本当にできるかどうかは違うでしょ」と思うのは、大きな勘違いですよ。

未来にないものはイメージすらできないものだから。

私も、恩師のイタコさんに会うまでは、今の道に進むという選択肢をはっきり持っていませんでした。そんな私にイタコさんが言ってくれた言葉です。

「自分で箱に閉じこもるのを選んでいるね。なんで？　すごく簡単に開く箱なのに」

あなたも私と同じ箱に入っていませんか？

「自分なんか何もできない」という箱に、自分を閉じ込めていませんか？

その箱をイメージで開けてみましょう。そしたらパーッと未来とつながります。

「できるかな？　本当かな？」と迷うというこ

とは、できるということ。迷うということは、すでにイメージしているわけですから。進むのは怖いと思います。私もいまだに「怖いよー」と思うこともあります。

バイクに乗ったこと、ありますか？　バイクもすごく怖いんですよ。体が露出しているからカーブのたびにブレーキを踏みたくなります。「うわ、怖い。進む？　ブレーキする？　止まる？　続ける？」と一瞬ごとに自分に訊きながら、前を見て走らせます。

「大丈夫かな……大丈夫かな……」とたくさん不安を持ちながらも、「よっしゃ、行く！」「行ける。かっこよく行こう」と腹をくくった時、急なカーブも曲がれます。

ありのままで生きるというのは、バイクで進むようなもの。車のボディのように、体が守られている安心感がないから怖いんです。お金、時間、できるという保証、確実な答え、慣れた環境……そういう安心感なしでも進んでみるといい。

不安を抱えながら進むのは怖いけれど、人は守られすぎていると自分と向き合うことを忘れます。

迷っているなら、進んでみてください。イメージできるなら、行けますから。

RINOの願い　それはみんなが悩まない世界

何千年とスピリチュアルな仕事がなくならないのは、それだけ悩んでいる人が後をたたないからです。

23歳でこの活動を始め、最初は自宅を使って無料で1つ1つ相談に答えていました。それがあっという間にクチコミで広まり、世の中、病んでいる人がこんなに多いのか、と思い知りました。これではキリがないと考えて、個別の悩みに答えるより**悩みを解決する力をつけてほしい**と願うようになり、こうして本にしました。

その力こそ、直感力です。

病むことが悪いんじゃない。私も病んでいたから気持ちはわかります。

ただ、「誰かに答えを見出してほしい」と頼ってばかりいると、時間とお金がいくらあっても足りないよ、ということを伝えたいんです。

みんなが直感力をつけて、私のような仕事がいらなくなったらいいのに……。これが私の活動の根本にあります。

みんなが自分の直感で、ありのままで生きられれば、私のような霊媒師は必要ありません。私の仕事がなくなる日は、みんなが悩まずにすんでいるということで、世の中が平和な証拠です。

だから幸せになってほしい。幸せになってもらわないと、私の仕事はなくなりません。それまでは、あの手この手でいろんな話を伝えながら一緒に歩いていきますね。


間違ってもいいです。失敗してもいい。まぁ逃げてもいい。

何かに憧れてそこを目指しても、すぐには辿り着けなくて、元の場所に戻されたりもする。つい人のことが気になって、ブレたりもする。そうやって**葛藤する姿こそ、私の中では美しく見えています**。

私は人生という映画鑑賞のプロだと思っています。最近はさすがに冷静にセッションできるようになりましたが、相談者に感情移入しすぎて一緒に泣いたり、怒ったり。その鑑賞のプロから言わせてもらうと、葛藤もなく、思考を止めて、ただ流されているだけの映画は一番つまらない。アメリカのアクション映画みたいに山あり谷あり、泣いたり笑ったり、戦ったり敗れたり勝利したり……そういう人生映画のほうがワクワクします。観ている私はさておき、生きている本人がそう感じているはず。

しかも、そういう映画は必ず最後、幸せです。途中でいろいろあっても決まってハッピーエンド。人生もそう。これも、たくさん観て統計を取ってきました。

せっかくコンサルさせてもらうなら、そういう楽しい未来を視るコンサルをしたい、というのが私の願いです。

世の中の正解は、あなたにとっての正解ではありません。

明らかに少し前と時代は変わりました。それぞれが直感を大事にして、人の意見も混ぜながら、自分だけの答えを出していく。いろんな答えが混ざり合う時代です。

チャンプルー（ごちゃ混ぜ）文化が始まってきましたよ！

第4章

人生の意味を正しく捉えよう

固定観念を崩して本質を見極めよう

本当に望む人生を生きるために、直感力を使って、自分で答えを出していく大切さ。そのために、自分の思い込みを疑う必要性を伝えてきました。

そもそも、この本は「神さまの正体」を疑うところから始まっています。正しくは、神さまを疑うというより、「人間」でしかないと思っている自分を疑って「神さま＝自分」ということを思い出してほしいということなんですが。

さて、ここからは、その力を人生を変えるために使っていく実践的な内容です。

まずこの章では、たくさんの相談者と話してきて「**その固定観念を崩したり、その捉え方を逆転するだけで、もっと幸せになれるのに……**」とよく思うことがあるので、その人間界の勘違いを指摘させてもらいます。

今、人生に辛さを感じているなら、この章の内容のどれか1つでも採用してみてください。「この考え方でいくと、自分のこの問題はどうなるかな?」と考えてみてください。成功していない、希望に届いていないと思う人も、1つずつでいいので、この考え方を応用して試してみてください。きっと飛躍に向かいます。

26ページで創造主まで続く「神さま=自分」の図を見てもらいました。何度も、何度も見返して、自分に無限の可能性があることを忘れないようにしてください。

無限の自分でいるためには、自分が**「当たり前だ」「こういうものでしょ」と思っている固定観念を崩して、本質を見極める目を持つ**ことです。「当たり前だ」「こういうものでしょ」と思いそうになるたびに、「本当にそうか?」「本質なのか?」と疑って、違う見方も試してみることです。

よく、ペットと飼い主が似てくるって言いますよね。あれは似てくるんじゃなくて、もともと似ている顔や性格を無意識に選んでいるんです。「2匹目は違う感じの子を

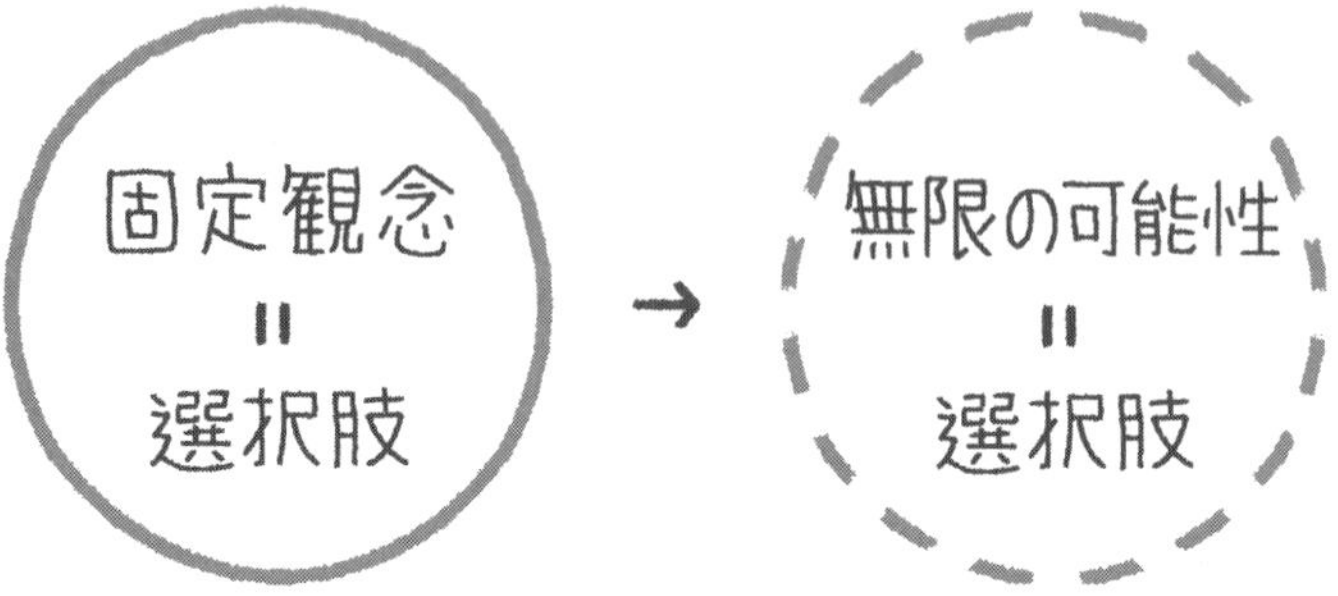

……」と言っても、やっぱり自分の違う部分に似ているタイプを連れて来る。

それくらい私たちは自分が今、持っているものしか視界に入らないものです。人生を変えるためには、その世界を出ないといけません。「人間関係が苦しい」と思うなら、それは小さな世界に囚われているから。「仕事が嫌い」と思っても、隣の会社に移ったらすごく楽しくなるかもしれませんよ。

昔と今とでは世の中が変わっているはずなのに、教えだけが受け継がれている部分もあります。昔の考えも悪いことばかりじゃないですが、それに縛られて自分の視界を狭めているとしたら、もったいないですよね。

私が沖縄から出て内地に引っ越すと言った時、うちの祖父母はすごく嫌がりました。昔、日本兵の犠牲となった世代だからです。

引っ越してしばらくしてから、内地の友達を沖縄に連れていきました。「おじいちゃん、おばあちゃん、ＲＩＮＯが大好きな友達だよ。日本人だけど大丈夫だよ」と紹介したら、「ＲＩＮＯの連れてくる日本人は素敵だね」と言って考えを変えてくれました。

私たちは、すごく狭い中でしか生きていません。そのことに無自覚で、ずっとその中にいたら、人生はいつまでもたいして変わらないのです。

どんどん幸せになっていく人、みるみる伸びていく人、希望通りの人生に変わっていく人たちは、「今の自分」という狭い枠を常に壊して、未知の一歩を踏み出しています。くすぶっている人との違いは、ここです。自分の中に大きな勘違いがないか、それが幸せを邪魔していないか……次のページから、探っていきましょう。

陰と陽、ポジティブ／ネガティブ。どちらも必要、正解はない

ネガティブだから悪い。
ポジティブでなければいけない。
これは最大といっていい勘違いです。

今、ネガティブな環境にいて苦しい。辛い、悲しい、痛い、嫌だ……という気持ちに押しつぶされそう。これを避けたくなるのはわかります。蓋をして、見ないふりをしたくなりますよね。

けれど、その**ネガティブからしか、ポジティブは生まれません**。人というものは、ネガティブな時にしか反応しないものなんです。

例えば、「あなた、先祖供養が足りてないですよ」「今の職場、やばいらしいですよ」とか、耳にしたとします。幸せな時は、聞こえていても入ってきません。心は反応せず、何も感じません。

けれど、辛い状況にいたり苦しい気持ちがある、痛いところがあるような時は、「お参りしてみようかな」「この職場でよかったのかな」と心が反応して、それをきっかけに何かを考えたり、行動に移したりします。おかげで、新しい自分に変われます。

だから、まず「ネガティブだから悪い」という固定観念を崩して、「ネガティブも必要なんだ」と知ってください。

ポジティブだけで楽観的に生きることがいいんじゃないんです。そういう人がいたとしたら、どこか思いやりがなかったり、高圧的だったり、人に親身になれなかったりする部分もあるでしょう。

けれど、ネガティブも知った上でポジティブでいようとする人、ネガティブからポジティブに変わった経験を忘れない人は、本物の強さを持っています。人を救える言葉も持っています。

人はみんな、ポジティブなものだけに囲まれてはいられません。一生懸命に生きていればたくさん傷つくものだし、傷ついていいんです。

悪いことをされたり、してしまったとしても、しかたがない。そういう経験を持つ人が「悪いことはダメだよ」と誰かに伝える言霊は、はなから悪を認めようとしない人の言葉よりも深くなります。

私は高校でプログラミングを習いました。パソコンの世界には0と1しかなくて、「両極端だなぁ!」とびっくりしました。人はそうじゃない。ネガティブな自分〜ポジティブな自分、男性的な自分〜女性的な自分、悪い自分〜良い自分……と、どちらの要素も入り混じって、時と場合で入れ替わったり、比率が変わったりするものです。

色で言うなら、赤い自分、青い自分もいるけれど、時には紫を作ってみる。その紫も、薄い紫から濃い紫まで無限に作れる。そうやっていろんな自分を生きていく。

「私は今、ポジティブじゃないから苦しい」「ネガティブな状況だから、もうダメだ」と思い込むのが、そもそもの間違いです。

陰陽のマークってありますよね。こんな風に白と黒、どちらの要素も自分の中に持っていていい。どっちもあるから、むしろいい。そこから調和させていきましょう。

ポジティブ／ネガティブな人の違いは切り替えの早さ

あの人はポジティブ。

私はネガティブ。

これも、勘違いです。


ネガティブな性格の人と、ポジティブな性格の人に、分かれているわけではなく。

ネガティブな出来事しか起こらない人と、ポジティブなことばかり起こる人が、いるわけでもなく。

けれど確かに、ネガティブに見える人とポジティブに見える人がいますよね。

その差は何なのかというと、これです（左の図）。

気持ちの浮き沈み

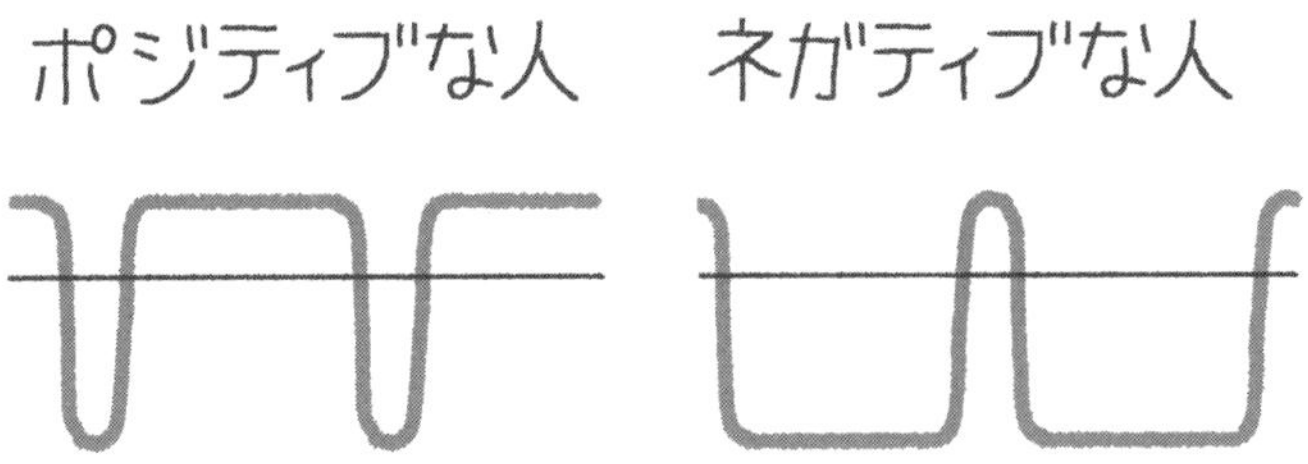

ポジティブに見える人は、ネガティブなことが起こっても、切り替えが早い。だからポジティブでいる時間が長くて、そちらの印象が目立ちます。

反対に、ネガテイブに見える人は、切り替えが遅い。だから、病んでいる時間が長くなり、そちらの印象が強調されます。

どちらもネガティブなことは起こっている。気持ちにアップダウンもある。けれど、サイクルが違っている。

では、その切り替えの差は何によって生まれるのか。やはり、経験の量です。

どんなことでも自分で答えを出して、試してみて、答え合わせをしてきた経験をたくさん持っている人は、「今度も何とかなるだろう」「今回は、こうしてみようかな」という感じで、すぐに切り替えられるのです。

「ネガティブ気質を何とかしたい」という人は、小さな経験からたくさんしてみてください。

「何からしたらいいですか?」と相談されると、**「たくさん遊びましょ」**と答えます。

仕事では「失敗したらまずい」とか、「失敗した。怒られる。どうしよう」とか、かえってネガティブになりやすいものですが、遊びなら「ま、いいか」で切り替えられますよね。

例えば、旅行に行ってイマイチだった。「じゃあ、次はあそこへ行こう」と脳を切り替えるのは簡単。レストランのコスパが悪かった。「悔しい！　次は入る前にメニューをチェックしよう」と気軽に対策も立てられます。

というわけで、まずは、日帰り旅行の計画を立ててみませんか?　自分をワクワクさせるプランを実行してみましょう。

「お金がないから旅行に行けない」とか心配が頭をもたげてきたら、「じゃ、お弁当を持って遠足しよう」というように、新しいアイディアを考えてみてください。

行ってみてイマイチだったら、リベンジの計画を練り直しましょう。それで「また失敗だ」と思ったら次、次、次というように、どんどん遊びに行ってください。

この脳の切り替え方が、仕事、人間関係、人生どんなことでも、成功への切り替えになっています。

仕事でも、スポーツでも、どんなことでも、トライ・アンド・エラーのサイクルが早い人が成功回数が多く見えているだけ。何回トライしているかの違いだけなんです。

そうそう、ここにも大きな勘違いが潜んでいました。

失敗は、失敗じゃないです。**失敗は、次の成功に向かう過程でしかない**。

失敗を次にいかせば失敗じゃなくなるから、気にする必要はまったくないですよ。

人生はすべて円

今、ネガティブな場所や、不幸な状況にいて、それが嫌だと思っていますよね。それは、顕在意識の部分でそう思っているんです。

ネガティブな場所や、不幸な状況にいるということは、**自分の潜在意識が「それを学びたい」と欲しているから**なんです。今、辛いことがあるのは、後にもっと生きやすくなるための練習を自分がしたがっているからなんですよ。

人生とか、世の中のことは、すべて円になっています。ポジティブ／ネガティブもそうです。

ネガティブな状況にいて「どうしたらいいか、わからない」というところからスタートして、「こうじゃないかな」と自分で答えを出しながら試してみる。うまく

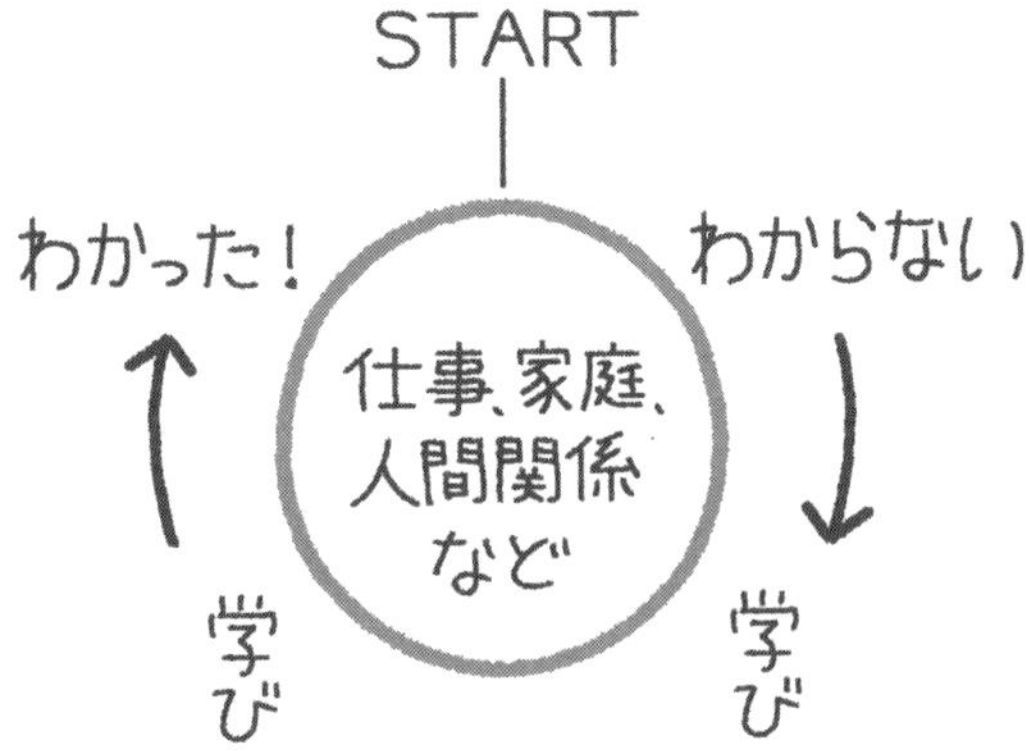

いったり、いかなかったりして、学んでいく。

そして、「わかった！　これでいい‼」と、ポジティブな状況に切り替わる。

そして、ここが大事なポイントですが、「わかった！」と思ったら、また「わからない」に戻るんです。一度、ポジティブに変わったら終わりじゃなく、**またネガティブになって、新しい学びがスタートする**んです。

「うわ……しんどっ」と思いますよね。でも、前のスタートの時よりも、確実に自分はバージョンアップしています。一段上がった自分が、次の学びを得て、さらに上がってスタートに戻ってくる。その繰り返しで、人生は変わっていきます。

円は円でも、立体的に見ると竜巻みたいになっているんです。

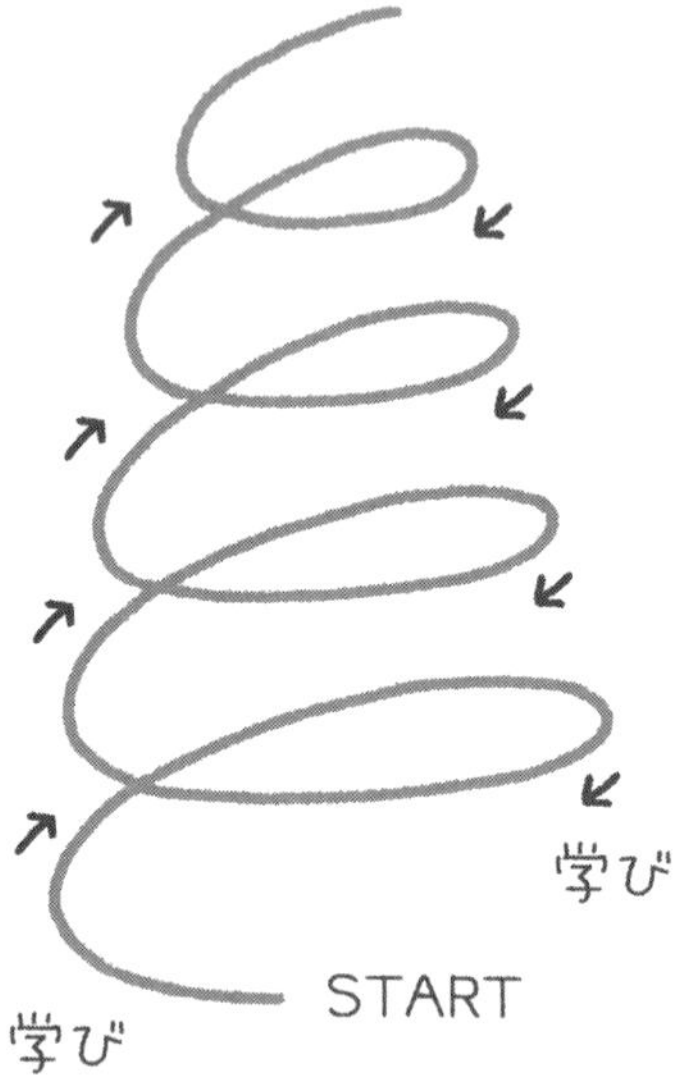

「上がれなかったらどうしよう」「逆に下がってスタートしてしまったら最悪」と心配しなくて大丈夫です。自分で答えを出そうとする、その行為が上昇気流になるから。

しかも、答えは必ず出せます。必ず自分で見つけられます。

人生の問題のほとんどは、学校の算数の問題くらいのレベルなんですよ。学校の宿題には絶対に答えがありますよね。ノーベル賞レベルになると、答えのない問題に取り組みますが、そんな問題に出会う可能性はごくわずか。

絶対にどうにもならないことは滅多になく、そう思えても、まだ見えていないだけで必ず解決口はあります。


解決口が見えない時は、いったん置いておきましょう。「何とかしなきゃ」と必死になると、かえって執着になって行き詰まってしまうから。「まぁいいや」といったん忘れるくらいのほうが、直感から答えが入ってきやすくなります。

私はこれを「脳みその椅子取りゲーム」と言っています。1回忘れると、1つ椅子が空く。そこに新しい情報やチャンスが入ってきます。

いったん諦めるのもいいです。**「諦める」は実はポジティブな言葉で「明らかに自分を極める」を意味しています**。「理想どおりじゃないけど仕方ない」「これでもいいよね」と諦めた時に、一筋の光が新しい道を照らします。「こっちの道だったんだ」と気付くことができて、思っていた以上の幸せにつながります。

自分は特別であり特別じゃないことを知る

なぜネガティブな気持ちになるのかといえば、人と比較するから。

競争するのは当たり前。競い合って勝つほうがいい。勝ったあの人はすごくて、負けている自分はショボい。劣等感、優越感、気後れしたり、見下したり、嫉妬したり。

これも幸せを邪魔する、勘違いです。

人は**それぞれに重きを置くところが違うだけ**なんです。それぞれが一番重きを置くところに向き合ってきて、そこが今「自分」という形として残っています。

私の場合は、霊感、直感力。この能力を使ってどう人のために生きていきたいのか、23歳の時から向き合ってきました。だから、この能力に磨きをかけ続けてきたし、何を見ても人の道とつなげて話ができます。りんごを見ても「これって世の中じゃん」とひらめきがあります。

あなたも、あなたが一番重きを置くところに向き合って生きてきたはず。

例えばダンサーは、私のような言霊は持っていなくても、体の動きですごいことを表現できます。りんごを見ても新しい振りを創作できるでしょう。

そのダンサーと私が競わなくてもいい、と思いませんか？

じゃあ、同じ霊媒師同士なら？　ダンサー同士なら？

たとえ同じジャンルでも、向き合う部分は1人1人違います。ストリートダンスとバレエでは喜ばせる人が違います。同じバレエでも演じる人、教える人、盛り上げる人がいて、みんながそれぞれ自分の役割をまっとうしていればいい。そこに良いも悪いも、優劣もありません。だから**人も自分も、上から見ることも、下から見ることもせんでいい！**　と、みんなに言っています。

どうせ比べるなら、他人じゃなく、過去の自分と比べてください。

劇でいえば、主役のお姫さまや王子さまにみんながなりたがるのはおかしいです。木の役だったり、雑草の役もいるから、楽しい舞台になります。みんながお姫さまだったら話が複雑になりすぎますよね。木の役も雑草の役もいなくて背景が真っ白だったら味気ないですよね。

一番おかしいと思うのは「人前で話すのが恥ずかしい」「セリフを覚えるのが嫌い」と言っているくせに、お姫さまになれなくて悔しがること。「雑草、ラッキー！　セリフがない。私のハマり役！」と喜んで、その役割をまっとうすればいいのに。**自分の立ち位置を認めた時に、本人の心が豊かになります**。すると、不思議なことに「あの雑草の子、めっちゃ幸せそうだね」と大注目されたりするんです。

十人十色という言葉があります。十人十色でそれぞれだね……で、終わりじゃなく、**違う全員が集まって1つになる**。ここが肝心。クレヨンなら十人十色で1セットです。だから**自分は特別であり特別じゃない**、ってことなんです。

自分という存在は唯一無二だけれど、みんなで1つになった時に、その中の違いはどうでもいいことになるんです。「この色がすごいから、いい絵が描けた」というより、「いろんな色が揃っているから好きな絵が描けた」って思いますよね。

今度は1人1人にフォーカスしてみると「こんなにいろんな色があるんだね」「どの色も味わい深いね」と思ったりもします。

これも、「1は全で、全は1」という、すべてに共通する大事な考え方です。「1」の視点と、「全」の視点を、両方持っていきましょう。

まず、自分のことを「1」として愛してください。そうしないと「個」としての自分が消えてしまいます。そして、自分が重きを置く部分の役割だけをまっとうしようとしてください。それぞれが自分を愛して、自立しながら集まって、「全」として共存するのが世の中です。

クレヨンとして共存したら、今度は、色えんぴつのグループや、絵の具のグループとも共存して、また大きな「全」になっていきます。

その続きもまだまだあります。この宇宙で、あなたはどの部分を担当しますか?

目的を1つにしてブレない心を持つ

私自身、人間界でまぁまぁ苦労してきました。以前は普通に勤めていましたが、相手の内側が視えるので「言っていることと、思っていることが違うの、何で⁉」という態度が出てしまっていたのでしょう。どの職場でも結構、いじめに遭いました。

こんな風に不器用だからこそ、どこでも、何をするのでも、**目的は1個しか持たない**と決めています。「ここに行くなら絶対これだけはしよう」「ここで働くなら絶対これだけは学ぼう」と1つだけ決めると、ブレずにいられます。

最初は「せっかくなら」と目的をいっぱい作ってみたんですが、結局「欲張っても手に入らない」という自分なりの統計が取れたので、1個にすることに決めました。

仕事なら「給料もらって、評価されて、みんなと仲良くなって、勉強にもなって、出世もして……」とあれこれ目的を持つと、かえって行き詰まります。全方位で100点を取ろうとするのは、やめたほうがいい。

例えば私が飲食店に勤めた時、「自分もこういうお店を開きたい」という目的を1個、持ちました。「自分がオーナーならメニューはこのままでいいのかな」「ここの掃除は手を抜くかな」という感じで集中できました。そうなると、いじめられても、いじめられなくても、どっちでもよくなります。

「高給をもらう」という目的で、あるパチンコ店で働いた時。途中で「お金のためには働けないな」とわかったので、別の技を身につけることを目的にしました。それは8時間の勤務中、絶対に笑顔を絶やさないという技です。やっぱり疲れると笑わなくなるんです。「いや……今日も負けだ。明日、出直し」とやっていくうちに、8時間、笑顔でいられるようになりました。目的を遂げたので、そこは辞めました。

仕事も、遊びも、人付き合いも、どんなことでも目的は1つずつ。

そのほうが人生トータルで得るものが多くなります。

幸運を引き寄せられない理由は神頼みしているから

「神さま、願いを叶えてください」と拝む時の神さまは、創造主です。

創造主は26ページの図のようにグラデーションで自分とつながっていますが、そこまでいくと、もう次元が違うんですね。

創造主の世界は12次元とも13次元とも言われます。私たちが生きているのは3次元空間です。4次元の世界でも私たちにはうまく想像できないですよね。

12次元ともなると……私にも視えません。

上の次元の創造主にお願いするのがどれだけ難しいか、ここで体験してみましょう。

紙に、ニコちゃんの絵を描いてください。

紙に描いたニコちゃんは2次元ですよね。描いた私たちは3次元にいます。

ニコちゃんが「もっと可愛く描け！」とお願いする声、あなたに聞こえますか？

聞こえないですよね。

じゃあ、私たちが創造主に「願いを叶えてください」と念じているのは、届くと思いますか？

残念ながら届きません。ニコちゃんが私たちに指示できないのと同じ、無理なこと。

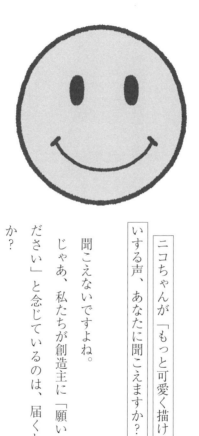

しかし、お願いすることに意味がないのかというと、そうではありません。

最初に言いましたよね。神さまへのお願いは、ひとりごと。自分に向けた言葉です。

「神さま、願いを叶えてください」と拝むだけでは何も変わらないけれど、同時に「神さま、願いを叶えますよ」と自分に宣言することにもなっているから、ちゃんと変わっていきます。

「神さま、お金が欲しいです」と拝んで、「よし、やるか」と脳にスイッチを入れて、稼ぎ始めるのは自分。「お金を手にする」という先を見ることで行動が変わり、お金を手にする現実に自分で近づいていきます。

自分で願って、自分で聞き入れて、自分で動いて、自分で叶える。社長兼パシリみたいな状態。これが、引き寄せの本質です。

「拝んでいるのに引き寄せられない」「思考しているのに現実化しない」というなら、自分以外のものに念を届けようとしていませんでしたか？　届けるのは自分ですよ。

他人の夢を自分の夢と勘違いしてない？

「神さま＝自分」だとわかった上で、「自分で引き寄せるぞ！」と頑張っても引き寄せがうまくいかないことがあります。

その原因のトップは、他人の夢を自分の夢だと勘違いしているから。前に話したように、人前に立つのが嫌いな人がお姫さま役を引き寄せようとするようなものです。

では、どうしたらその勘違いに気付けるでしょう。

それは**ちょっと、やってみること**。

私は人前に出る前から「将来、人に見られるようになるかもしれない」という気がしたので、「よし。背筋を伸ばして歩こう」とやってみました。その心がけが続いて、今、大勢の人が見てくれるステージにも立っています。

やってみて「こんなにしんどいの？」と思ったらどうでしょう。そこで「私、本当に人前に出たいのかな」と向き合って、他の道を探せます。

同じように、金持ちになりたいなら、そういう人のふるまいを真似してみればいいです。今、財布に入っている千円札や一万円札を「金持ちならどう使うかな」と妄想力を働かせてやってみてください。

ＳＮＳで成功者も有名人もみんなとつながることができるので、いろんな夢を見せてもらえています。夢が近くなっているいい時代のはずなのに、逆にサンプルが多すぎたり、競争心が刺激されすぎて、自分の夢を見極めづらくなっています。

けれど、憧れに見える部分は、その人の生活のごく一部。金持ちになったら税金もたくさん払わなければなりません。豪邸を持ったら掃除も大変だし、庭の雑草取りも大変です。人にやってもらうなら、マネジメントという大仕事が加わります。

憧れのあの人の人生は、どんなにリアルに見えても映画の登場人物と変わりません。

むやみに憧れるのではなく、「私もそうなるためにはどうしたらいいだろう」「本当にそうなりたいんだろうか」と向き合うネタに使わせてもらいましょう。

どうせ憧れたり、羨ましがるなら、そういう対象を100人くらい作るといいです。その100人を少しずつ真似てください。「自分に合っている」と思ったら続けて、「違う」と思ったら選択し直しです。そうやって本物の夢にしていきましょう。

やり方を教えますね。

次のページの書き込みシートに、憧れの人、嫉妬するほど羨ましい人を100人書き出します。

少数では逆効果!

それぞれ、すぐに真似できそうなことを試しにやってみます。小さいことでOKです。

「自分の夢じゃない」と思ったら違う人に変えて、どんどんリストを更新しましょう。

※コピーして 100 人分書いてみてくださいね。

やったら ☑

☐

☐

☐

☐

☐

☐

☐

☐

☐

☐

☐

☐

☐

☐

☐

☐

☐

☐

☐

☐

憧れの人を
書いてみよう

次に真似できそうなことを
書いてみよう

01. (　　　　　　) ➡

02. (　　　　　　) ➡

03. (　　　　　　) ➡

04. (　　　　　　) ➡

05. (　　　　　　) ➡

06. (　　　　　　) ➡

07. (　　　　　　) ➡

08. (　　　　　　) ➡

09. (　　　　　　) ➡

10. (　　　　　　) ➡

11. (　　　　　　) ➡

12. (　　　　　　) ➡

13. (　　　　　　) ➡

14. (　　　　　　) ➡

15. (　　　　　　) ➡

16. (　　　　　　) ➡

17. (　　　　　　) ➡

18. (　　　　　　) ➡

19. (　　　　　　) ➡

20. (　　　　　　) ➡

プライドが邪魔をして運気を引き寄せられない

引き寄せられないもう1つの大きな原因はプライドです。プライドも本当の願いを見えなくして、嘘の願いを作ります。それは潜在意識が望んでいないので叶いません。

昔の私は、こうだったから。

世間的に、こちらのほうがカッコいいから。

あの人に、負けたくないから。

こういうのは全部、プライドです。プライドは執着を生み、思い込みになりやすい。思い込むと視野が狭くなり、選択肢が1個になります。「これが欲しい」「この人がいい」「これを叶えたい」というように。

そのせいで目が曇って、**直感がキャッチした本当の願いを無視する**ことになります。

プライド自体は悪くありません。プライドとは、誰にも奪われたくないもの、絶対に譲りたくないものです。上を見ているからこそプライドが高くなります。向上心といってもいいし、人生を変える1つのエンジンにもなります。

ただ、そこで問われるのは**「誰のためのプライドなのか」**ということです。そのプライドを持つことで、あなた以外の大勢の人が喜んでくれますか？

先々も視てみましょう。10年後も、20年後も、あなたがこの世を去る時にも、そのプライドを捨てずにいて心底よかったと思えそうですか？

もっと先を見ている人たちは、プライドがなくなります。プライドが信念に変わるからです。プライドは過程です。本当に大事に守り通していくべきものは信念のほう。

まずは、プライドにまみれていそうな願いでも口に出してみるといいです。そこに信念が隠れていたりするし、おかげで本当の願いに導かれたりすることも多いので。

自分の信念は何なのか、潜在意識はもうわかっています。ぜひ問い続けてみてください。

神さまとつながれるのは好きなことをしている時

先日、ダンスを見に行きました。沖縄の特待生といわれる子どもたちが踊る姿を見て、私は不愉快な気持ちになったんです。「この子たちは、どうなりたいんだろう」と。帰宅してからも、なぜそういう気持ちになったのか、ものすごく考えました。

やっとわかりました。あの子たちは、感性で踊っていない。上手い下手で競い合っている。だから誰も楽しんでいるように見えなかったんです。

連れていった幼稚園生の娘が音楽に合わせてブリンブリンお尻を振っているほうがよっぽど楽しそうでした。だけど、ダンスってそうじゃない？　体が勝手に動き出す。

特待生の子たちも、もともとは楽しんでいたはずです。けれど、ステージでは必死でした。今、本当に好きで続けているんだろうか……。

どんなことでも**「私はこれを好きでやっている」となった時に、潜在意識に入っていけます**。

人間界では順位をつけたがりますが、人と比べることが本質ではなく、「好きでやっている」と自分が本気で思っている時に「神さま＝自分」としてやっていけるんです。

私は喋るのが大好きで、子どもの頃から「ＲＩＮＯと喋ってたら夜中になる」と恐れられていました。みんなに「アナウンサーになれ」と言われましたが、「アナウンサーって台本じゃん。台本が喋りたいわけじゃない」と反論したくて、また喋り出す。

だからユタと世願人《ゆーうがみさー》を受け継ぐことになった時、「喋って仕事できるんだ！」ということがとっても嬉しかった。喋ることに愛があるから「伝わるように、どう言ったらいいか」と四六時中、考えています。おかげで、好きでやっていない人より言霊には自信を持っています。

あなたは何が好きですか？　仕事に関係しそうなことでも、趣味でも、家事でも。

その**好きを貫いた時、人が喜んでくれます。すると「徳」が積まれていきます**。

「良い人」でなくていい

「遠慮のかたまり」という言葉、ありますね。1つだけ食べ物を残し合う日本の文化⁉

同じ日本語なら私は「残り物には福がある」を採用します。気にせずパクッといただいて幸福な気持ちになります。他の人も食べたければ、また追加すればいいですよね？　そのほうが熱々で、もっと美味しく食べられるから、その人は幸福になれます。

「良い人でいなきゃいけない」というのは勘違いです。むしろ、**「良い人でいなきゃ」と言っている時点でおこがましい**。

万人に対して良い人でいることは、逆立ちしてもできないから。

だったら開き直って「良い人」の縛りを外したほうが、真っ当に生きられます。

私も良かれと信じて自分の考えを伝えていますが、それによって誰かを苦しめていたり、悲しい思いをする人もいるかもしれません。けれど「良い人でいなきゃ」を優先して口を閉ざすと、伝わる人にも伝わらない。

また、良い人でいようとして相手に気を遣うと、相手にも気を遣わせます。

「ごめんね」も10回言われると、逆に「もう言わんでくれ」って思いませんか？

私の弟が小さい時、友達のA君に怪我をさせてしまいました。母が謝り、相手方が「いいですよ」ということで和解しました。

今度、弟が別のB君に喧嘩で傷つけられたことがありました。そのB君の親御さんはいまだに母とスーパーマーケットで顔を合わせると「あの時はすみません」と謝ってくるそうです。弟たち、もう30歳です。そうされるたびに、母は「自分もA君の家族に謝らなければいけないのかな」と罪悪感がよぎるそうです。

そもそも、自分が良いと思っていることが、本当に良いことだとは限りません。

例えば私が子ども向けワークショップを無料でやるとします。これは良いことでしょうか？

無料＝奉仕の精神という感じがして、良いことの気がしますよね。

事実、参加者は喜ぶかもしれません。

けれど次に、Bさんとコラボでやる時はどうでしょう？　Bさんの関係者にも無料でやってもらうのか。その人たちにお金が回らないことは良いことなのか。

さらに思うのは、無料で参加した子たちは、どうも伸びません。少しでも「お金を払った」という思いがあると「学ばなきゃ」という姿勢に変わります。お金を払う親御さんも「行かせる意味があるのか」と考えるから、そこでも学びになります。

もっと視野を広げると、私とは関係ないところで千円のワークショップを企画しているCさんがいるとします。「あっちのワークショップは無料だけど、こちらは千円か」ということで、参加者の足が遠のく可能性もあります。

「良い人」として無料でやったつもりが、BさんやCさんにとっては「迷惑な人」にもなり得るということです。

だから人生ってすごく難しいですよね。

何が良いか、何が正しいかは相手によって違ってくるので、「良い人」であろうとすることを判断の軸にすると、答えが出なくなります。

私はいろんな人を視させてもらっていますが、例えば親の言うことを聞いて「お利口さんでいよう」と自分を抑えている子は、魂の道から外れていることがあったりします。

反対に、ヤンキーになって親に心配をかけている子のほうが、魂の道筋として真っ当に進んでいたりします。「お母さん、この子は大人になったら必ず人の役に立つから大丈夫。見守ってあげてくださいね」と話をします。

真っ当に生きるというのは、良い人であろうとか、誰かに言われたことを真面目に聞くことじゃないです。**自分の魂の声に従って、時には人の言葉にも耳を傾けて葛藤しながら生きること**。

良いこと、正しいことだけが、すべてじゃない。そこの縛りを外しましょう。

なんくるないさー（まくとぅそーけーなんくるないさー）

内地に出て、「沖縄出身です」と自己紹介すると、必ずといっていいほど「なんくるないさー」と返されるので、なんだか嫌いだったんです、この言葉。

ところが先日、沖縄の市場で働くおじいちゃんから、とてもいい話を聞きました。「なんくるないさー」には前の言葉があって、「まくとぅそーけーなんくるないさー」が完成形。**「真っ当に生きていたら何とかなるよ」**というのが本当の意味だったんです。「何とかやってきたやつが〝なんくるない〟であって、何もやってないやつはなんくるならん」と、おじいちゃんは話してくれました。

沖縄のなんくるないさー精神は、戦争があっても、貧困があっても、真っ当に生きて人を大切にしていたら何とかなる、必ず豊かになるよ、という教えだったんです。

今はこの言葉が大好きです。

人を疑ったり、人のせいにしたり、人に頼ったりするんじゃなくて、自分で選択肢を探して自分で選んでいけば、道はどんどんまっすぐ進んでいくものです。何とかなります。

選び方を間違えたり、悪いことを自分が引き起こしたとしても、それすら自分で蒔いた種だから、自分で刈り取れば何とかなる。だから、どんどん冒険したほうがいい。

心もお金も貧乏な人は「自分には選択肢がない」と言いますが、それは、ただそう思考しているだけです。日本という先進国に生まれて、これだけ選択肢がある社会にいる魂なのに、「選択肢がない」と嘆くのは、それは贅沢。自分が望む選択肢がないんだったら、それを作るのが今世のタイトルだと思って挑戦してみてください。

「私はここから抜け出せない」「今の環境を捨てるわけにいかない」というのは思考です。事実ではなく、自分の思考で選択肢を狭くしているだけ。手足を縛られて監禁されているのなら話は別ですが、そうじゃない限り「なんくるないさー」ですよ。

お金を求めると
ゴールはない

前に書いたお金目的で始めたパチンコ店のバイトで、「やっぱりお金のためには働けない」と実感できたこと。これも私には貴重なお宝でした。

お金はなくなるものなので、それだけのために働いても「楽しい」が見いだせなかったんです。例えば15万円もらえても、その15万円は次につながりませんけれど、「8時間、笑顔でいる」という技なら、褒めてくれる人もいたり、喜んでくれる人もいたりするし、次の職場でも使えます。

一番いいのは、「困っている人がいるから」「誰かのためになるから」というように、自分以外の〝誰か〟のために動ける時。

そんなことを思うのは、私は豊かな環境で育ったからだな、とも思います。10代で高校の奨学金という借金を背負ったり、通学のバス代もスマホ代も16歳から自分のバイトで工面していましたが、まぁ、食べ物に困るほどではなかったので。

あなたも食べ物に困るほどじゃないなら、「お金のために」という囚われを外してみたらどうでしょう。

私のところには億単位で稼いでいる人たちも相談に来ます。

そういう人に**「お金のゴールはどこですか？」と尋ねると、「ない」と答えます。**

「お金はいくらあっても足りないと思うものだから、そこに豊かさを求めると、いつまでも幸せになれない」と教えてくれました。

確かに、ものすごい高級車に乗って、贅沢なものを飲み食いして、家にブランド品が溢れていて、人から見たら羨ましい人生でも、どこか不幸そうな人がいます。

そういう人はお金がゴールになっています。これも私の統計です。

死んだ後の世界にはお金を持っていけません。お金は魂には貯まりません。

ですが、お金を使って人に出会えたり、楽しい経験をしたことは、魂に蓄積されます。その意味では金銭的な成功を求めることはいいけれど、「自分はどこまでの豊かさが欲しいから、どれだけのお金が必要か」ということを知るべきです。

じゃあ、豊かさとは何なのか。成功とは何なのか。

それは、**魂の豊かさ**のこと。

お金のために我慢して好きじゃない仕事を続けて、上のポジションについても、人前に出ても、億を稼げるようになっても、魂の成功にはなりません。だったら好きなことを貫いたほうがいい。どれだけ底辺にいても、どれだけ葛藤しても、それがすべて魂の豊かな経験となります。

「そんなの綺麗ごとじゃない？　金額で変わるでしょ」と思うかもしれませんが、私の中では変わらない自信があります。

パチンコ店の少し後に洋服店で働いたことがあります。お客さんに「3万円出すから奢らせて」と誘われました。

若い頃の3万円って大きいですよね。でも、きっぱりと「嫌です」と断りました。そしたら相手は躍起になって「じゃあ10万円で」と言ってきたので、それも「嫌です」と断りました。そこで相手は完全にむきになったのか「100万円でどうだ」と言うから、「いくら積まれても絶対に嫌だ。私はタダでいいから好きなやつとしか食事せん」と言い放ってしまいました。

今、思い返すと「行けばよかったかな」という気持ちもよぎったりしますが、いや、でも、その100万円で魂に妙な蓄積を残すほうが恐ろしい。

あなたはどうですか?

イマイチ豊かさを感じられない時は、「家族のため」でも、「周りのスタッフのため」でも、「飼い猫のため」でもいいから、お金以外の目的を定めてみてください。

せめて「お金のために」と我慢するのはやめましょう。

「お金のせいで」と言い訳するのもやめましょう。

年齢という情報が必要なのは激しいスポーツだけ

もう1つ人生の大先輩から聞いた貴重な教えがあります。その人は80代の成功者。「俺ら金持ちって呼ばれる何でもできる人間が、どれだけ金を積んでもできないことがある。それは若い時に戻ること。最先端の医学で肉体を若く保つことはできるけど、20代の時に経験したあの感情には戻れない」と言うのです。

その人は続けました。「時間はお金よりも大事。金を貯めることに人生を使うな」。

20代を過ぎたらもうダメってことじゃないです。何歳でも、今できるはずの経験をしないことがもったいない、ということです。明日は今日より1日ぶん歳を取り、そしたら今日の感情を味わえなくなります。

「もう、歳だから」と遠慮したり、躊躇したりしている場合じゃありません。

「あの人は年上だから」「あの人は年下だから」と上下を作るのも意味がないです。年齢を気にしたほうがいいのは激しいスポーツをやる時くらいです。それ以外で、自分の年齢も、相手の年齢も、私はまったく気にしません。

人生100年だとしても、**生まれてからの15年間と死ぬ前の15年間は、実は、大したことができない**んです。生まれてからの15年間は、さほど選択肢を持っていないですよね。最後の15年間も、体が言うことをきかなくなったりして選択肢が限られます。

さらに人生の3分の1は眠っています。ということは、計算すると、寿命100年でも使える時間は40年くらいということになります。

そこからトイレに行く時間、お風呂に入る時間、ご飯を食べる時間、子育てする時間……と削っていったら、たぶん自由にできる時間は20年分くらい。

100年生きても、たった20年！　その20年、悩んだり、迷ったり、さぼったり、我慢したりして使うのは、もったいなくないですか？　どうせ悩むなら、何が好きだろう？　どうしたらワクワクするだろう？　と、そっちのほうで悩みたいですよね。

死に方さえ決めると迷わない。今の生き方の答え合わせができる

相談に来た人に尋ねたことがあります。「どういう風に死にたいですか?」と。するとか「たくさんの人に囲まれて死にたい」と言うので、「それ何人ですか?」と訊いたら、「300人ぐらい」と答えました。

「わかりました。300人、エキストラ用意しますね」と言った私に、「そうじゃない。私を愛してくれる300人です」と、その人。

「なるほど!　それはすごくいい夢ですね。じゃあ今、300人に愛される生き方をしてますか?」と訊いたところで、その人は「はっ!」となりました。

死に方なんて縁起でもない……と言わないでください。死ぬことがイメージできた時、「じゃあ、今、どうするか」がしっかりイメージできるようになります。**死に方**

を決めることができれば、生き方の答えが出せるんです。

「宿命」という言葉があります。宿命とは定まった運命のこと。全員が共通して持つ宿命は「死」です。その間はただの過程です。

私は何度も「自分で答えを出して、その答え合わせをするのが人生」と言っています。その究極の答え合わせは死です。

最終、**自分らしく死ねれば、その生き方は正解**になります。その過程は実は何でもいいんです。失敗しようが、成功しようが、お金を稼ごうが、苦労しようが、最後に魂の豊かさを知ることができれば、その人生は大正解です。

たまに中学生や高校生が受験に受かるか受からないかを訊いてきます。でも、そこのマルバツはどっちでもいいこと。その子にとって「ここで努力した」という経験こそが次に生かされるので。

たとえいい学校に入れても一生安泰じゃないし、安泰だとしても幸せとは限らないということは、みなさんも世の中を見ていたらわかりますよね。

大人も同じです。「この彼とうまくいきますか？」「この結婚、うまくいきますか？」というマルバツを訊くことにも意味がない。一生懸命に付き合って、結果バツだったとしても、学びを得たらマルになります。

どんな過程もマルにできます。最後の最後に望み通りになっていればマルなんです。

何か事業の申請を出して、それが通るか通らないかを訊きに来た人がいました。「申請が受理されますように」と毎日せっせと神社に通って、肝心の仕事がおろそかになって、結局、申請は通ったのに、後々かなり苦労していました。

この場合、申請が通ること自体がマルだったかバツだったのか、すごく難しいです。申請が通るかどうかは単に過程。そこの努力と時間、仕事のほうに使えたのでは？

ところで、**一度、死に方をイメージできたら忘れていい**ですよ。時々答え合わせで思い出せばOK。とにかく今を磨く。すると未来の位置が上がっていき、願った通りになります。

後ろ向きな気持ちの時は頭の中のパズルを入れ替えよう

最後の未来をイメージすると、今の生き方の答えが出せる話をしました。

では、今、うまくいっていないとしたら？　**今につながる選択をした、過去に遡ってみる**ことです。

最近、うちでこんなことがありました。

夫に「稼ぎたい」という思いが出てきました。ところが思うようにいきません。それで原因を今じゃなく、過去を探ってみたんです。すると、私たち夫婦が7年前から変えていないことに気付きました。「子どもの面倒は夫が見る」というルールです。

夫が「稼ぐ」とパズルを入れ替えようとする時、「子育ての担当」というパズルは動かそうとしていなかった。だから、うまくいかなかった。それに気付いたので「よし、変えてみよう」と子育ての分担を動かした瞬間、いろんなことが一気に整理できて、家族全員にとって心地いい再選択ができました。

こんな風に定期的に頭の中のパズルを入れ替えてみることは本当に大事だな、と改めて思いました。みなさんはどうでしょう。意外と動かさずに固定していることが多いものなので、頭の中を自由にして、定期点検してみてくださいね。

例えば「会社に行くのが嫌だ」としても、パズルのピースは会社だけじゃないですよね。通勤電車が辛いのかも？　だとしたら、そこに解決の答えがあります。本当にその電車に乗らなければいけないのか？　自転車やタクシー通勤じゃダメなのか？　リモートの時間を増やせないのか？　いっそ引っ越してみる？　などなど。

過去の選択の更新時期を教えてくれるのは？　やっぱりネガティブです。今成功できていないとか、欲しいものに届いていないと感じるなら、更新のチャンスです。

「楽」は楽しくはならない。でも楽しければ楽になる

変に思われるかもしれませんが、私は生まれた瞬間、「うぁ、地球《ここ》かよ」と思いました。そう思った記憶があるんです。

地球で生きるのは、誰にとっても大変です。まず、大きすぎる魂が狭すぎる肉体に閉じ込められて息苦しい。転んだら怪我をしたりして、それも不自由です。しかも、いろんな生物と同じ星に詰め込まれているからギクシャクもします。

そんな中で自分の人生に責任を持って生きなければならないのは、本当にしんどい。だからといって選択を放棄すると、人に流されて、ネガティブに飲み込まれます。

仕事の関係者で、何かにつけて「誘われたから……」と言う人がいます。謙虚さなのか、プレッシャーを楽にしたいのかわかりませんが、その言葉を吐くことによって

本人の中で責任転嫁が起きている気がします。

そうじゃなく「自分がやると決めた！　やりたいからやっている！」と発言するほうが使える力も湧き上がるエネルギーも大きくなるはず。結果、自信につながります。

楽は、楽しくはなりません。でも、楽しくやっていたら楽にはなってきます。

人生で選択するのは大変ですがまず1個、選択してみてください。**その選択はしばしらくすると習慣化するので、もう選択している自覚なく、楽にできるようになります**。

周りも「あぁ、この人はこういうのを好むんだ」とわかるので、**あなた好みの選択肢を提示してくれるようになります**。そうすると、ますます楽になります。

沖縄に来たとして「肉がいい」とか「野菜と魚は嫌だ」と教えてくれたら、美味しい焼肉店に連れて行けます。「何でもいい」と言われると、こっちは困ります！

この世は苦行です。選択するのは大変です。けれど、32ページで呼吸の仕方を覚えましたよね。呼吸するだけで筋肉がついたりするのと同じで、**自分で決めて、責任を持って生きていれば、必ずいい方向に向かいます**。人生を変えるとは、そういうこと。

第5章

【お悩み別】

直感力に従えば、おのずと答えは見えてくる

本来の自分のペースを取り戻しましょう

「あなた、適当ですね」と言われたら、どんな気がしますか？

ムッとします？

日本人、特に女性は「適当」が苦手です。

適当とは「適確に当たる」という漢字を書きます。

とても、いい意味です。

自分で考えて模索しながらやってきた人が、手の抜きどころやほどほどの加減を知っている。だから「適当」にできます。

親の言う通りにしてきた。上司の指示に従ってきた。旦那さんに決めてもらってきた。常識に沿ってきた。マニュアル通りにやってきた……これでは適当にできません。

「え？　それの何が悪いの⁉」と今度こそムッとする人がいるかもしれませんが、それだと本来の自分のペースがわからないんです。

例えば、私がバイトをした時、最初の1カ月くらい一生懸命にやると、「ここの掃除は軽くでいいな」とか、「この接客はこれくらいで切り上げよう」とか、わかってきました。だから時と場合によって自分の判断や自分のペースで息抜きしながら、常にそこそこ結果を保てます。最初からサボっている人が気まぐれに「今日は疲れたから掃除はこれくらいでいいや」とやるのとは、同じ手抜きでも結果が違います。

最近、全速力で走ったことありますか？　超早歩きでもいいです。

やってみると「実は速く走れるんだ」とか、「本当はゆっくりが好きなんだな」というように、自分のペースがわかります。

それが車にばかり乗っていると、自分の適当なペースが意外とわからなくなるものです。私がそうなんですけれど……。

どんなことでも、適当にできるのは自分を知っているからです。

この**適当の加減は人によって違います**。私のペースと、あなたが心地いいと感じるペースは違います。

同じように、人生の問題に対する正解も、人によって変わります。私にとっての正解と、あなたにとっての正解は変わるし、親、上司、旦那さん、それぞれによって変わります。私たちの魂は、自分だけの適当、自分だけの答えを知るために輪廻を繰り返しているようなものなんです。

自分の適当、自分の正解を知るためには、自分で考えながら一生懸命にやってみるしかありません。

いろんな本に「これが正解」「こうするのが正しい」と書かれていますが、それを鵜呑みにして一瞬、生きやすくなっても、本心では生きづらいんです。なぜなら、それは自分の適当じゃないから。

この本も同じ。

これから「神さま＝自分」という生き方や直感力を、日常生活にどう落とし込んだらいいか、どう生かしたらいいかの練習問題になればと思い、みなさんからよく相談されるテーマを取り上げてみます。

問題自体や、その答えを参考にするというより、「私の問題についてはどうかな？」と考えたり、「自分で試すとどうなるだろう」と実験材料にしたりして、**答えの出し方のほうをヒントにしてもらえたら**と思います。

みなさん、答えの出し方がわからないから苦しんでいます。だから私みたいな仕事の人が「こういう風に導くといいですよ」と教える役目として存在しています。

霊媒師の仕事は、ズバリ答えを言うことじゃないんです。本人に直感として降ってきているパズルのピースを一緒に視て、一枚の絵として当てはめていくのを手伝っているだけです。さぁ、それをこの本でやっていきましょう。

【人間関係】嫌な相手、それもご縁？

相談で一番多い悩みは、人間関係と仕事（お金）です。

あなたは大丈夫ですか？　嫌な人、苦手な人は周りにいませんか？

たまに顔を合わせるくらいの人ならまだしも、仕事関係や家族・親戚、隣近所のように関わりが深い人となると、辛いですよね。


実は、**関わりが深い人というのは、パズルのピースが近い**んです。

実際のパズルでも近いピースからつなげていくと、だんだん絵が見えてきますよね。

同じように、関わりが深い人との問題を解いてそのピースがはまれば、人生全体がするすると変わっていきます。


しかも、実際のパズルと一緒で、余るピースはありません。すべてのピースがピッタリおさまるようにできています。必ず問題は解決します。

では、関わりが深い人の「嫌」が目につく時とは？

「ここにいたいのか」と自分に訊き直す、選択の時間です。

この人と関わり続けるのか。それとも逃げたいのか。逃げるなら、どこに行くのか。逃げずに留まるなら、その理由や目的は何か……と自分に訊く時。

なぜなら、誰かの嫌なところに引っ張られるのは、実は、その人は関係なかったりするからです。ここ、とても肝心なところです。

やりたくない仕事をしていたり、気に入らない場所に住んでいたり、自分らしくない立場にいるのを直感で感じていて、そのモヤモヤを相手に映していたりするんです。

「違う。こんな悪い人だから」とか、「実際、こんな嫌なことをされている」と言いたくなるかもしれませんが、いったんそれは傍に置き、自分との対話を続けましょう。

自分はなぜ、今、それを見させられているのか。その部分に向き合ってみてください。

その結果、「やっぱり、ここにいたい」と改めて答えが出ると、その人の嫌なところが気にならなくなったり、上手にかわせるようになります。

嫌な人というのは、たいてい、自分がレベルアップしたい時に現れます。

「自分が何を大事にしたいのか」に気付くチャンスをくれたり、「そこ止まりの人生でいいの?」と転機を起こしてくれていたり。そう考えると、嫌な人は悪役を買って出てくれている、ありがたい存在……とも思えてきませんか。

私はYouTubeをやっていますが、ああいうSNSの世界では「アンチコメントがある時こそ伸びしろがある」と言われます。だから平和すぎる時は「最近、アンチが来ないからやばい! 停滞しとらん?」と逆にヒヤヒヤします。

好き嫌いを持つことはダメじゃないです。嫌いな人に合わせる必要もないです。

ただし、**好きも嫌いも偏見でしかない**ことは知ってくださいね。自分から見えない、その人の側面はたくさんあります。

私は前世の記憶もあるので、「くそったれ」と思う人がいても、「いろんな事情があるからこういうことになってるね」と、かなり長い目で見ています。

あなたも「前世で大失恋をしたから、こんな風なのかな」とか何でもいいので、勝手に妄想話を作ってみてください。笑えるくらいドラマチックなメロドラマ風にできれば完璧です。「まぁいいか」と許せて、自分が楽になります。

実はこれ、相手を馬鹿にしているようで、尊重しています。「いろんな事情があるね」と理解しようとするのは尊重です。その上で、付き合うかどうかは別問題。尊重と受け入れるはイコールではないので、付き合いをやめるという選択肢は残していい。

尊重できた時点で、あなたの空気は丸くなります。すると相手の態度も緩みます。

これは、ある格闘家に教えてもらいました。「仲良くなりたい」という気持ちでいくと相手の気が緩んで、急所がつけるらしいです。

私たちは闘いじゃないですけど、もしその場に留まるなら、ストレスがないほうがいいですよね。そのために相手の事情を、ぜひ前世まで広げて妄想してみてください。

【人間関係】運命の人との出会い方

ツインレイ――2人で1人。

だから私は、ツインレイとハグしたら1人になれると思ってました。

ところが夫と出会った時、「あれ？　1人にならんの??」と不思議でした。そこでやっと「魂の話だったのか」と気付きました。

そうなんです。これ、魂の話です。だから、生きている間にツインレイは確定できません。「ツインレイだったね」とは、死んだ後、魂の戻る場所で答えが出るもの。「魂の統合」といいますが、統合して2人の魂が1つになったら、どちらかの体は空っぽになってしまいます。

だから、どんなに好きな相手とでも、どんなに仲良しな夫婦同士でも、「1人と1

人」と思っていることが、まず大事なんです。

「運命の人」というのも、考えてみれば、おかしな言葉です。

運命とは運ばれるもの。動きます。**動いていく運命の中で、自分のやるべきことをやっていると、その通り道に運命の人も転がっています。**

運命の人と出会いたいなら、探すのも、追いかけるのもやめてみてください。

それより、自分が人生でやるべきことに集中しましょう。好きなことで、多くの人が喜んでくれることを一生懸命やっていると、運命の人にばったり会います。

仕事でもお金でもすべて同じですが、**欲しいものがある時は一度その思いを手放して、違うことを一生懸命にやったほうがいい**ですよ。

売り上げが欲しいなら、売り上げを求めるのじゃなく、サービスを改善してみる、とか。

いい転職をしたいなら、転職活動に必死にならず、今の仕事も頑張ってみる、とか。

すると、その通り道に欲しいものが現れます。

「求めないと得られないのでは?」とよく質問をもらいますが、もちろんそうです。

けれど、すでに求めているので、それ以上に求め続けないほうがいいんです。

求めすぎると執着になって、逆効果になります。


家族や恋人になる人は確かに、縁が太くて濃い、魂同士です。

けれど実は、関わっている人みんな、縁が太くて濃いんですよ。

縁とは、視界に入るかどうかです。視界に入らなくなった時点で「自分の霊層界から外れた」となり、縁が消えます。前を歩いていても気付かなかったり、隣の部屋にいても顔を合わせないなら、もう縁がないことになります。

一つ屋根の下で暮らす夫婦でも生活時間がすれ違ったり目を見て話をしなくなると、縁は薄くなっていきます。


だから、**夫婦仲が悪いとか、夫婦喧嘩ばかりという人は、高級なレストランに行く**

といいですよ。かしこまった食事では向かい合わせに座ります。スマホなんか取り出せません。どうしたってお互いが視界に入ります。しかも静かだから、お互いに穏やかな口調になります。多少カチンときても怒鳴れません。

なんといっても、素敵な空間で美味しいものを食べると五感が満たされて、心が豊かになります。その環境で話してみましょう。

ただし、その前に、しっかり自分と対話してくださいね。

自分と対話しないから、パートナーとも話さなくなっています。

結婚生活の長い夫婦に「将来も一緒にいますか?」と質問すると、「いないかも」と、かなりの確率で返ってきます。理由を訊くと「お互いに無関心になっているから」というのがだいたいの答え。「なら、もう別れていいんですか?」と尋ねると、「嫌です」と言うので、そういう人に高級レストランをすすめます。

運命とは動くもの。自分が望む方向に動きます。

仲良くしたいなら高級レストラン。効果的ですよ。

［人間関係］別れの訪れはレベルが上がっていく証拠

人それぞれに合った場所というものがあります。

どんどんレベルを上げていく時、別れが避けられず、悲しいこともあるでしょう。

「人生を変えていこう」という、その部分が一致していない人とは、会話がかみ合わなくなります。一緒にいるのがしんどくなって、話をしなくなり、離れていく。

逆もあり得ます。自分が切られる場合です。

高級クラブのお客さんは、接客が悪いと感じてもホステス本人に言わず、「ママ、あの子外して」と間接的に言うらしい。ママが対応しないと、黙ってその店を離れます。

レベルの高い人ほど、直接言わずに離れていきます。こちらのレベルが変わらないと、いつのまにか置いていかれるということです。

別れは悲しいです。けれど、ここもまた自分と向き合う時です。**自分が離れたのか、逃げたのか、切られたのか、もしくは卒業できたのか**。いずれにしても、なぜそうなったのか。

まず相手が離れていった時。

相手を責めたくなるかもしれません。でも、**背景の事情は関係なく、集中すべきは「自分はどうしたいのか」**です。悲しんでいたいのか、追いかけたいのか、「自分も次の場所に行く」と決めるのか、「自分はこの場所で頑張ってみる」と再確認するのか。

その答えが出た時、あなたのレベルも一段上がります。それが卒業です。

卒業していないと、また同じ問題を繰り返します。相手が違ったり、場所や場面が違っても、同じテーマが繰り返される。似たようなパターンで苦しむことになります。

この図を覚えていますか？　学びがないと、一周しても高さは同じ。螺旋になって上がっていかず、もう一度、やり直しです。

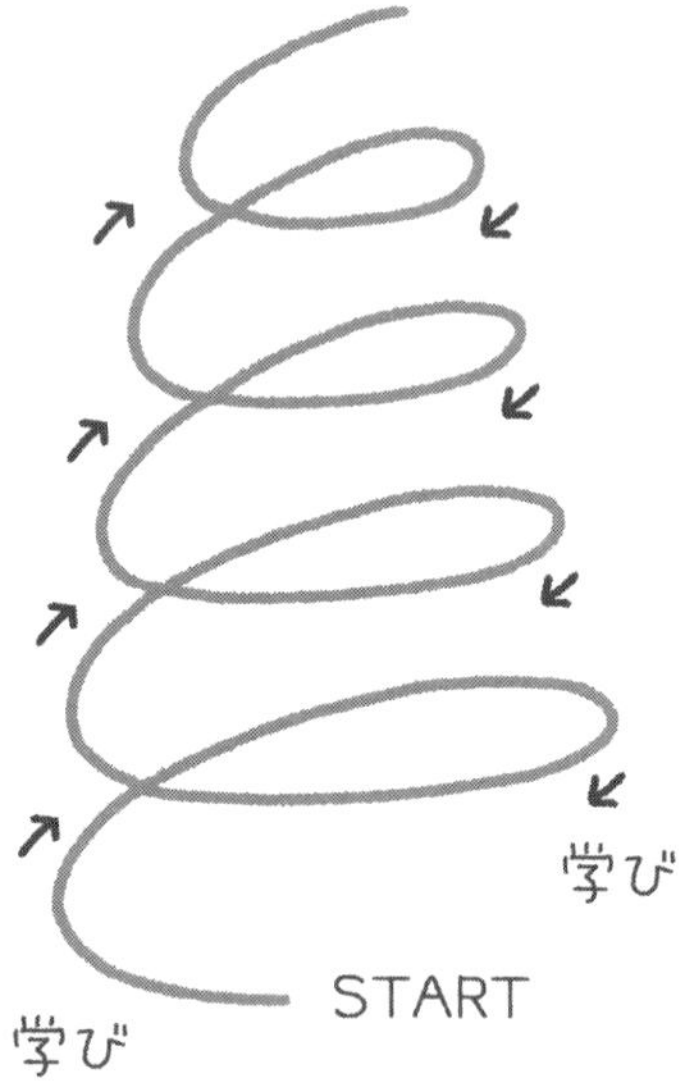

自分から離れるのも悪いことではないです。**悩みの答えというものは、今いる場所にはなくて、違うところにあったりする**ものなので。いる場所が間違っているために自分らしくいられなかったり、認めてもらえなかったりすることはよくあります。

私も〝現代ユタ〟としての考えが身内にわかってもらえず、親戚中を回って説得しようとしましたが、認めてもらえませんでした。相当、自己肯定感が下がりました。

けれど、場所を変えてＹｏｕＴｕｂｅやトークイベントで全国の人に話をするようになったら、たくさんの人が認めてくれて、初めて「こういう役目があってよかった」と思えるようになりました。

これは逃げたのか。「違う」と私は思っています。

ただ逃げてすむものじゃありません。逃げることも否定しませんけど、どこに逃げるか本気で考えてみてほしいです。例えば逃げたくて学校に行かず引きこもった。その分どうやって勉強していったらいいんだろうと本気で考えて、その道を一生懸命に進んでみる。そうした時に、逃げも卒業という言葉に変わります。

過去が辛すぎてなかなか卒業できず、苦しんでいる人もいると思います。

でも、過去も未来も「今」です。過去の辛さも未来の不安も「今」感じていること。例えば、３歳の時に牛乳をこぼして親に叱られたの、覚えてます？　覚えてないなら、もう今じゃない。けれど、トラウマになっているなら、それは「今」の気持ち。

どんなに辛い過去も今、捉え方を変えれば終わります。必ず卒業できます。

［人間関係］［仕事］夫婦で稼ぐその時の力の発揮方法はそれぞれ

夫婦で仕事をしたり、夫婦で叶えたい夢があったり、一緒に成功したい時。**個として力をつけましょう**。

それぞれが人としてバランスを取って調和できた時に、やっと相手が入ってきます。

そこでようやく手をつなげます。

手をつなごうという時、お互いが筋トレしないとつなぎきれません。その筋トレとは、お金のこと、人脈の質、実績や経験の数……。どちらかが頼る気持ちでぶらさがっていると、手がツルッと離れてしまって、両方崩れてしまいます。

例えば、月200万円稼ぎたいという夫婦がいました。

RINO　じゃ、1人100万円ずつの目標にしましょう。

奥さん　え……！　私はサポート役で、お金は稼げないので……。

RINO　わかりました。じゃ、旦那さんを200万円稼げる男にしてください。

奥さん　ええっ……!!

この夫婦は「旦那さんの大きい歯車＋奥さんの小さい歯車」と本人たちは思っています。でも、私から見ると**歯車の大きさはみんな一緒**なんです。

だから、大きいと思っているほうも、小さいと思っているほうも、「サイズはお互いに同じ」というイメージを持ってください。一緒にいるということは同じなんです。大切なのは歯車のスピードです。

また、歯車は1箇所ずつ接しながら回るものですよね。

夫婦であり、仕事のパートナーでもあり、遊び友達でもあり……と、全部くっつけようとしないでください。そうすると楕円のような歯車になってギクシャクします。

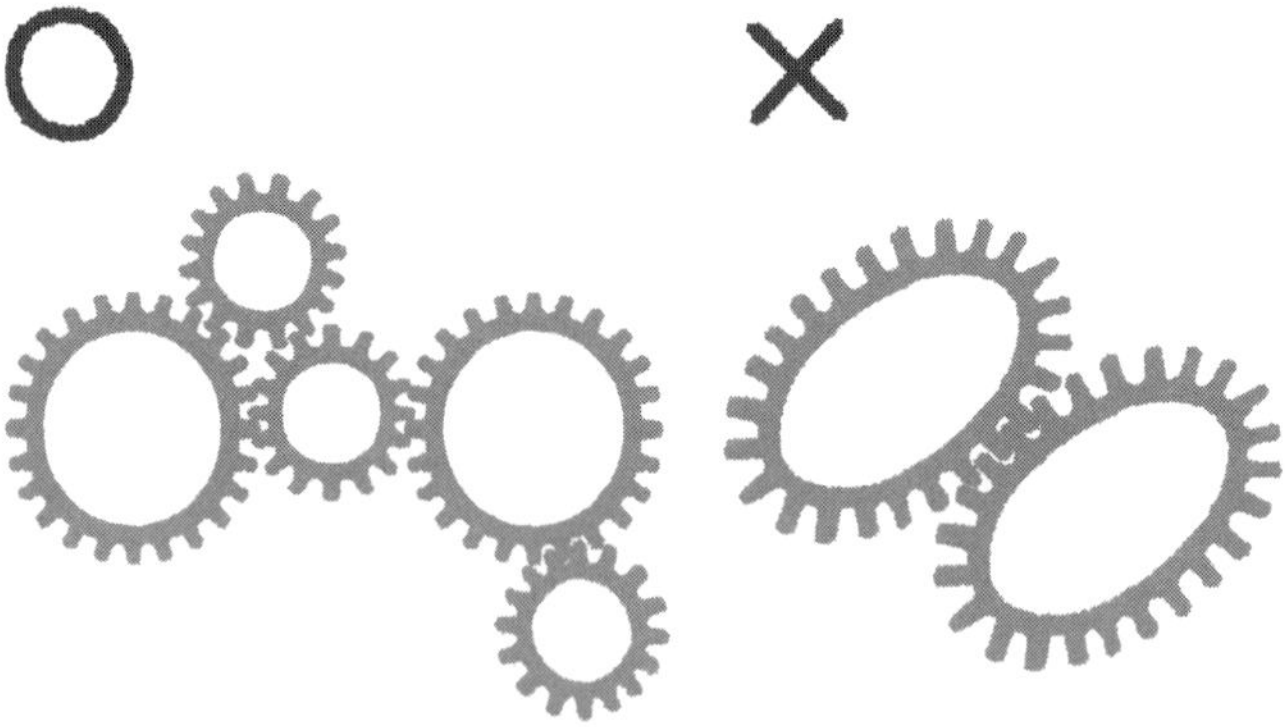

どんなに夫婦喧嘩しようと仕事の時間に持ち込まない。仕事で大変な時も家では家族としてリラックスする。仕事で人前に出る時は仕事のパートナーに徹する……。当然のことですが、なかなか難しいものです。

ギシギシいって回りにくければ、第三者を入れるのもいいでしょう。

夫婦関係が行き詰まった時に子どものおかげでうまくいったり、新しい趣味のおかげで回り出したりすることがありますね。

2人で仕事をしてうまくいかない時は、新しいメンバーの参加や、専門家の意見が、潤滑油になったりします。

【仕事】独立してもいいタイミングを知りたい

人生がうまくいく方法。それは、いっぱい遊んで、「どうやって毎日を楽しくしよう」と考えられる思考の癖を持つこと。

どこかに出かける、友達と会う、美味しいものを食べる……そういう楽しみを感じていない時、別の部分で「悩み」として出てきます。一番多いのが、仕事です。「今の会社が嫌」「このまま続けていていいんだろうか」というような考えになった時、その仕事に問題があるというより、単に遊ぶことを忘れていることが多いです。「この楽しみのために働いてる！」という充実感があると、仕事について、あまり悩まないものです。思い当たりません？

もし会社に行きたくないなら、「行かなくていいんじゃない？」と私は思います。

「行かなくちゃ」とため息をつきながら働くのは、家畜と同じじゃないですか。

私が今やっている活動は**仕事というより、遊び**です。「楽しもう」に重きを置いているから、自分らしくできているんだと思っています。

これは個人事業主とか、起業とか、副業とか、雇われているとか、そういう立場には関係なく、みんな共通です。個人事業主でもため息をついてやっている人はいるし、雇われていても「仕事が遊び！」といきいき自分らしく働いている人もいます。

だから、会社が嫌だからといって副業や独立に走るのは「ちょっと待った」です。

自営がいい人、雇われがいい人、それぞれに向き・不向きがあります。**枠の中で能力を発揮できる人と、枠がないほうが貢献できる人がいるんです**。

だから、本当にそうしたいのか、しっかり自問自答して答えを出してほしい。どの場所にいるのが一番楽しいのか、人に喜んでもらえるか、お金もついてくるのか、試してみたりしながら葛藤して答え合わせをしていってください。

遊びのように楽しんで、生計が成り立っているのがプロです。

お小遣い稼ぎができるくらいならセミプロ。

あとは全部、趣味。

SNSという便利なツールがあるおかげで、誰にでも平等にチャンスが来ています。

私もSNSのおかげで〝現代ユタ〟として活動の場が広がり、本当にありがたい。

けれど、あえて言わせてもらうと、SNSは五感止まりなんです。そこでの評価に第六感は使われません。だから、ある程度ごまかせる人もいます。表現のテクニックでバズったり、実力以上にフォロワー数を伸ばせたり。

もちろん、それも大きなきっかけになるし、何も試さないよりははるかにいいけれど、その先で本物かどうか問われる時がやってきます。

つかんだチャンスを深める体力があるか。それは、本当に好きなのか、楽しんでいるか、コツコツ実力をつけているか、周りもハッピーにしているか、です。

そういう人がプロとして生き残っていきます。

【仕事】【お金】感謝を忘れずにいれば お金がついてくる

経営者や個人事業主の人から売り上げに関する相談が多くあります。
これは、ある相談者の話です。

相談者　人を綺麗にするこの仕事が好き。でも、子どもがいるから自宅サロンで限界が来ています。もっとお金が欲しい。売り上げを拡大したい。

RINO　本当にお金を追いかけたいんですか？　なら自宅サロンはやめて、お金の勉強しましょ。投資はどうですか？

相談者　いや、そういう話ではなく……。

好きなことをして、子育てもできて、望んだ幸せが手に入っています。すごい！

ところが本人はそこに感謝せず、欲を出して、お金を追いかけたいと言っています。今の幸せを見ず、次ばかり向いています。

今のポジショニングを理解して、感謝しながら続けている人にお金はついてきます。

「子どもを見ながら自宅サロンで好きな仕事ができてありがとう」と、そこに感謝。その上で「もっと売り上げを拡大したいから、店舗を持つのはどうだろう。でも、子どもはどうする？　今はどっちが優先⁈」と考えてみる。

その結果「今は自宅サロン」と決めたなら、そこでできるだけ売り上げを上げる工夫をすればいい。何年か経って、子どもの手が離れ、お金も貯まった時点で「大きい店舗を持とう」とつながってもいくでしょう。

感謝からスタートすれば、感謝が循環して、お金がついてきます。

感謝なしで、欲でお金を追いかけようとすると、うまくいきません。

私も経験しました。人から「その仕事、稼げるよ」と聞いて、「そうなのか！」と相談料を上げたら、相談者が減り、売り上げがマイナスになりました。**欲のために、誰のためにもならないことをすると、お金は回ってこない**と改めて統計が取れました。

でもその時、「待てよ」と考えたんです。「相談料が安いから、たくさんの人が気安く相談に来てたんじゃない？　相談料を上げて来づらくなったら、自分で考えるよね。それはいいことじゃん！」。

こうも思いました。「無料で始めたところから、相談料千円、三千円……と、少しずつ上げてきた。そろそろ新人さんにこの席を譲らないと、低い層で椅子取りゲームすることになる」。

それで相談料を上げたままにしました。すると、本当に困っている人だけが相談に来るようになり、その人たちは「予約が取りやすくて助かった」と喜んでくれました。ほどなく売り上げは以前の額を超えました。料金は高いまま。

相談者が減った時との違い、わかります？　私の中に「誰のため」ができたこと。

もともとこの仕事を始めたのは、感謝を知ったことがきっかけでした。

アーサー・ホーランドさんという大阪生まれの牧師さんがいます。大きな十字架をかついで日本を徒歩で縦断する、すごい人です。ちょうどその人の本を読んでいる時、たまたまうちの地元を歩いているのに出くわして、「今、これ読んでるよ！」と声をかけたのを機に、親しくさせてもらうようになりました。

そんなアーサーさんにもらった言葉。私が鬱《うつ》で苦しんでいた時です。

「お前、当たり前に感謝してないよな」。

当時の私は生きづらさで身動きが取れなくなっていました。親の離婚、奨学金という借金、バイトづけの毎日。しかも、この能力のせいで人との関係に苦労ばかり。けれどアーサーさんの一言で逆転しました。この環境のおかげで内地に出てこられた。この能力のおかげで自分らしい経験ができている。みんなのおかげ。

お返しにみんなのために何かしたい、と考えるようになった直後、冒頭で触れた「何で霊的な仕事やらないの？」と恩師に言ってもらったという経緯です。

当たり前の毎日こそ、感謝すべきことの宝庫。すべてはそこに気付くことからです。

［仕事］［お金］売り上げの上げ方。寄り道が功を奏す

お金をもらうことや料金を上げることが、苦手な人も多いですよね。

まず、「がめついと思われたくない」と遠慮するタイプ。私もいまだに「高いお金をもらって申し訳ない」という気持ちもあるので、よくわかります。

別のタイプでは、実力を過信する人たち。一気に料金を上げて客足が遠のき、自滅しがちです。


どちらのタイプにもおすすめなのは、少しずつ料金を上げてみること。

同時に実力を上げる努力もすること。

しかも、そこでお金を追いかけようとしないこと。

お金に重きを置きすぎると「買って！　買って！」「来て！　来て！」となります

が、いったんその気持ちは置いておいて、「ちょっと遊んで経験を増やそうかな」というようにやっていると、そのうちお金がついてきます。

これはお金や仕事やお金以外のことでも言えますが、**まっすぐ進もうとするより、寄り道したほうが、かえって目的が叶いやすい**んです。

「お金が欲しいと思っている時に、遊んでいたら、余計にお金がなくなるのでは？」と心配かもしれませんが、道が間違っていなければお金は枯渇しません。お金がなくなってきたら、「今は働く時だ」とさすがにわかりますよね。

そうやっていると、節目節目で「安すぎる」とお客さんが言ってくれたりします。面白いことに「安すぎる」と言ったお客さんは料金を上げると来なくなることが多いです。でも、別のお客さんが来て、新しい流れができるから大丈夫です。

お客さんとも人と人同士。同じスピードで上がっていないと、縁が薄まります。相手のスピードが速いなら、自分のところは卒業してもらいましょう。

どちらにしても「ありがとうございました」と感謝して、別々の道を進みましょう。

【お金】すべては引き寄せであり、自分自身。お金が欲しいなら、イメージしよう

トークイベントで、参加者のみなさんに答えてもらったことがあります。

RINO　創造主に「お前はいくら欲しいか？」と訊かれたら、どう答えます？

参加者A　10万円。

参加者B　100万円。

参加者C　1億円。

あなたなら、いくら欲しいですか？

目先を見ている人は10万円とか100万円とか、すぐに手に入りそうな額を言いま

す。億単位で言うのは欲張りな人。うちの夫も1億円と言ってたな。

なぜ、その額が欲しいと答えましたか？

今10万円で欲しいものがあるから？　100万円あれば安心できるから？　1億円が金持ちの基準と思っているのかもしれませんね。

これ、自分の心の状態を知るのにとてもいい問いのワークです。

心の状態とは、潜在意識の状態。潜在意識で思っていることが現実になるのが引き寄せです。だから「本当に欲しい」と思っている分だけ入ってきますが、**「なぜ」「何のために」が深い人ほど入ってくるものが大きくなります**。

私ですか？　「くれるだけ、くれ！」と即答します。

なぜなら無制限に友達にご馳走したいから。金額を決めると友達の数が制限される気がして嫌なんです。

［お金］創造主は必要な分しか与えない

私は投資の勉強をしています。自分の欲のために投資していた時は、なかなかうまくいきませんでした。ところが、「これで当たったら親戚も友達も助けられるな」「私がうまくいったら、やり方を教えてみんなで豊かになれるかも」と思考を切り替えたらリターンが入ってくるようになったんです。

その前に家を買いました。もともと「家が欲しい」というより「みんなで集まれる場所が欲しい」という動機。とても条件のいい新築一軒家が見つかりました。けれど、お金が足りず、「どうしよう」と困っていたら、いろいろ重なって大幅に値下げされることに。今度は設備に回すお金がなくてまた頭を抱えていたら、業者さんが色を間違えたとかで無料になったり。おまけに、商品券もたくさんもらって、別の設備も安く買えたり。

いろんなサポートが入って、その家が手に入ったのです。


創造主は必要な分しか与えません。別の言い方にすると、潜在意識が「何のために」がわかっていると、そのお金が引き寄せられます。

「何のために」が「誰のために」になっていると、いっそうパワフルになります。

「誰のために」の数が多いだけ、引き寄せはダイナミックになります。

むやみに「3億円欲しい」と願うのは、「腕を3本欲しい」と願うのと変わらないんです。腕が3本あっても使いこなせないですよね？


「老後のお金が足りない」と相談に来る人に訊くと、子どもはしっかり大学まで行かせています。そのお金はどうしたのかというと、働いて貯めたという。「もう一度、貯めればいいのでは？」と提案すると、「無理。子どものためには頑張れたけど」とみなさん言います。「誰のために」のパワーは本当にすごいなと感心します。

［お金］人と物の扱い方に注意。人もお金も孤独です

人もお金もよく似ています。**どちらも寂しがり屋で、扱い方が大事**。

例えば「あの人の成功は○○セミナーのおかげらしいよ」と聞いて、「とりあえず、私も！」と同じお金を払ったとします。人の噂で行かされたお金は帰ってきません。けれど、「このセミナーは自分にとって本当に必要？　あの人の成功の仕方は、自分が本当に望むこと？」としっかり考えた上で、「一緒に成長しに行こう」と大切に使うお金は、ちゃんと帰ってきます。

お金を大事にするとは、ケチることでも節約することでもありません。むしろ、それは逆効果です。

貯めて囲いこもうとすると、そのお金は小さなコミュニティになります。寂しがり

屋のお金たちにその環境は心地よくないので、離れたがります。

「私のところだけにいたら寂しいよね。もっといいところに嫁いでごらん」と、しっかり考えた上で使ってあげると、お金は大きなコミュニティで楽しめます。

すると「あいつのところに行くと、いいところに嫁がせてくれる。また行こうぜ」と、仲間を連れて帰ってきてくれます。

誰かが「町を出て稼いでくるよ」と言ったら、「行ってこい。頑張れよ！」と送り出すのが友情ですよね。寂しくても、ちょっと妬ましい気持ちが湧いたとしても、相手

を思って応援します。同じように、お金も送り出してあげましょう。たくさんお土産を持って帰ってきてくれますよ。

たまに娘が「学校でいじめられた」とメソメソ泣いています。「本当にいじめられるのは無視されることだよ。構ってくるってことは、嫌われてるんじゃなくて、興味があるんだよ」と教えています。

あなたのお金は、あなたに無視されていませんか？

「お金がない」と相談に来る人に、「ずいぶんお金持ちですけどね」と私は言います。相談料を払って、しかも相談する間は働かなくても生活できるわけだから余裕もある。

1日中働いても1食分しか稼げない国だってあるし、そういう状況の人は相談に来る暇もなく働くでしょう。

まずは感謝です。今あるだけのお金に感謝。それを無視して、ないものを求めていたら、今あるお金は寂しがって離れてしまいます。

一番のおすすめは、**人とお金の寂しさを同時に解消してあげる**ことです。

誰かが困ってそうかな、と思ったら「これ、みんなで食べようよ」と分け合ったり。寂しそうだな、と思ったら「こっちおいで。一緒にいよう」と人の分まで払ったり。

それは本当に豊かな使い方。人もお金も喜んでくれます。


縄文時代の生き方がお手本のように言われていますよね。

縄文人に貧富の差がなかったわけじゃないんです。差はあったけれど、**心が平等でした**。たくさん食べ物を持っている人は、持っていない人に「持っていって」と分け与える役目。持っていく人は「ありがとう」と受け取る役目です。現代で言うなら「O型です」「A型です」くらいの感覚で、単なる違い。上も下もありません。

その時代が終わり、争いができて、力を手に入れたいという野望が出てきた時から心の豊かさのバランスが崩れました。

みんな水平だった世の中を思い出して豊かに生きれば、お金は寄ってきてくれます。

[お金] 分け与えると
自分が知らないものを得られる

みんな持ちすぎているのに、分け与えることを拒むのは、何で？　と不思議です。お金だけじゃなく、食べ物も、情報も、あらゆることがそうですけど。分け合えば「自分」という限界を超えて、お互いにたくさん得られます。倍になって返ってきます。ところが、自分の分を守ることに必死になると飛躍しません。

あるイベントの時に、沖縄からちんすこうをたくさん買っていって、スタッフやお客さまに配って歩きました。「疲れたら食べてください」と言って。みなさん感激してくれて、余計にイベントのことを広めてくれたり、ＹｏｕＴｕｂｅまで宣伝してくれたり。ちんすこう１つでもこれだけになって返ってきます。

友人にその話をすると「計算だかっ」と苦笑されますが、リターン狙いで配ってませんよ！　不思議なもので計算してやると返ってこないんです。

ちんすこうの大袋を一人で食べようとすると、さすがに飽きますよね。たくさんありすぎると感謝がなくなるから、食べ足りないくらいのほうが美味しいと思えます。だから人と分け合うと二重にハッピーになれます。

しかも、そうやっていると今度、ぜんぜん違うところから美味しいお米が来たりして。やっぱり計算高い⁉　いやいや、本当に計算なしでやってます。

「ギブ・アンド・テイク」と言いますが、**ギブした相手から返ってくるとは限りません。もっと豊かな人から返ってくる**ことが多いです。

正しいことをしていれば、いい縁がつながって、そちらからも回ってくるんです。回転寿司みたいにぐるぐると回っているんです。

「そのテーブルに着きたい」と思いますか？

相手が喜ぶのを、自分も喜ぶという気持ちが、その席に着かせてくれますよ。

［お金］欲深くたっていい
中途半端な欲が一番NG

「自分の生活が回るだけあればいい」「家族が食べられる分だけあればいい」という、お金に謙虚な人たち。私からすると、「せこすぎる！」と言いたくなります。

だって、自分さえよければいいんですか？

自分だけでいいなら、1人暮らせる精一杯の金額しか貯まらないでしょう。家族だけなら家族分の、奢りたい友達が2人だけならプラス2人分のお金だけ入ってきます。けれど、100人に豊かな暮らしをさせたい社長なら、100人分を必死で稼ごうとします。世界の子どもたちを救いたいなら、それだけ躍起になって稼ごうとします。だから、たくさん入ってきます。

その必死さは、謙虚な人からすると欲深く見えるかもしれません。けれど、**それだ**

け大きな夢があって、「誰かのため」のスケールが広いということ。

「聖人君主みたいな人ばかりじゃなく、腹黒い人や意地悪な人もお金持ってるけど？」と突っ込みたくなります？

確かに、コンプレックスや劣等感、悔しさや、ネガティブな思いをバネにして、反骨精神やハングリー精神で伸びていく人もいます。

けれど、それが強すぎるとどこかで限界が来て、歪んだ方向に行きやすい。

それに、本人は、いくらお金があっても豊かさは感じられないし、幸せじゃないでしょう。

人生、幸せに生きることが正解です。

分け与えた時、ケチった時、自分も苦しいけど困っている人の分まで出してみた時、いろいろ試して「これが一番ハッピーじゃん！」とわかるまで、自分で統計を取ってみてくださいね。

［お金］ちょっとずつ背伸びして最終的な目標にたどり着こう

「無制限にご馳走したい」と思っている私でも、現実問題として毎日10万円ずつ奢れるかというと、心がザワつきます。「1万円なら」「週に1回なら」と思う自分がいて、今の私の引き寄せは実際そこ止まりかな、と思ったりします。

たくさん引き寄せたいからといって身の丈以上に無理することはありません。心がザワつくということは潜在意識が納得していないので、お金は流れてしまいます。

ですけど、そうはいっても「無制限にご馳走したい」という思いを捨てずにいると、**いい意味での思い込みで、そのエネルギーが回ってくる**ようになります。無理のない範囲で「1万円なら」と出していると、2万円出せるようになり、そのうち10万円出せるようになり、いずれ無制限に出せるようになってきます。

最初から億万長者を目指しても、なかなかたどり着かず、もどかしくて、かえってくすぶってしまいます。

私が最初に目指したのは、「日曜日の特売日に100円の卵で並びたくない」ということでした。その引き寄せは叶ったので、次は「ダブルベッドで毎日のびのび寝たい」という目標を持ちました。そうやって少しずつ、引き寄せの額を上げてきました。

その意味では、少しだけ背伸びしたところに住むのはとてもいいです。その分、人生のレベルは確実に上がっていきます。

けれど、例えば今アパート暮らしの人がいきなり注文住宅というように、一気にガンッと上げるのは危険です。「いつかはマイホーム」という思いは抱きつつ、アパートからマンションに移り、それからタワマンにでも引っ越して、だんだん「自分にとって本当に住み心地のいい家はこうだ」というのがわかったところで、注文住宅を検討する。そうやって少しずつ身の丈を上げていってみてください。

そうじゃないと、タワマンでも、マイホームでも、悶々とした暮らしが続くので。

【健康】病気も引き寄せ。楽しみを見つければ治ります

私のような立場では、病気について、世間とちょっと違う見方をします。

まず、病気も引き寄せとして見ていること。

先日、保険会社さんの話を聞いたんですけど、「私はガンになり、でも保険に入っていたから治療代どころか家のローンまで完済した」と嬉しそうに話していました。

「ラッキーですね。私もそうなれるかも」と思って保険に入ってほしかったのかな?

そんな恐ろしい考え……。ローン完済とガンを一緒に引き寄せたいのでしょうか。


妊娠中も、マタニティブルーで感情がダウンしたりするので、「この子が病気だったらどうしよう」「何か起こったらどうしよう」と、つい調べたくなりますよね。わかりますけど、できればそういう情報は見ないで、妊娠していることを楽しむことに

専念したほうがいいです。

でも、不吉な情報が目に入ってしまったら？　普通に、現実的な対策を立てればいいです。妊娠に限らずどんな病気でも、予兆があれば病院に行くのが一番です。

もう一つ私の立場から言えることは、**病気の箇所と意識が関連している**ということ。

頭痛持ちの人は、たいていい考えすぎです。

足が悪い人は、人生で進んでいる道が違うことが多いです。例えば、親の会社を継いで、でも本心では「別の道を進みたい」と強く思っていたりするケース。

呼吸器系を悪くする人は、長年、自分を押さえつけて、息苦しい思いをしていたり。

病気や怪我に遭遇した時、人生のことも考え直してもらえたらと願っています。

何より伝えたいのは、病気はたいてい治るものだということ。

楽しみを見つけると治ります。楽しいと思っていると、もう、そちらで忙しくなって病気を忘れ、治っていく人をたくさん見てきました。

[人生]みんなの持つ使命とは？

いよいよこの本も終わりに近くなりました。最後にもう少し、人生全体の話をさせてください。

宿命と運命と使命について前にも触れてきましたが、改めてまとめます。

宿命とは、定まった運命のこと。逃げようとしても逃げきれません。

運命とは、運ばれるもの。動いていくものです。

使命とは、命を使うこと。運命の人を探さなくていいように、**使命も探す必要はありません。生きていること自体が使命だから**です。

ただ、せっかく命をもらったのだから、本気で使ってほしいと思います。

命をもらったということは、役割を与えられています。世界を救うような大仕事をする人にだけに役割があるわけじゃなく、全員に役割があって、全員が特別な存在です。役割は何でもいいんです。何をするかより、どう命を使うかが大事です。

そう話すと「私は専業主婦で何もできない……」という人がいますが、それ、すごい役割です。専業主婦は家の社長です。家族を守って幸せにしているのは相当なこと。ただし、子育てが終わったらまた別の役割が来ます。さぁ、あなたにとって、それは何でしょう。「引きこもりで親のスネかじっているだけ……」という人も、親を困らせて、親に学びを与える役割をしています。ですが、親がいなくなった後、どのように命を使っていくかという問題はあります。

同時に、魂のレベルでは**一人ずつに宿題が与えられています**。

「魂Aさん、これ学んで！」

「魂Bさん、これ解いて！」

というように。

魂の宿題が終わったら輪廻は終わりです。ですが、たいていはその宿題に気付かないために提出できず、もう1回留年となります。それが生まれ変わりです。

「へー。私の宿題は何かな?」というくらいに、この話は聞いてくれたらいいです。というのも、宿題が何かは普通わからないし、わかっても解けないからです。小学1年生が「いつか大学生になった時の宿題? うーん、わからない」というような感じ。「どこの大学に行こうかな」という程度に未来を見ることは大事ですが、「東大に行くから、小学1年生から東大生の勉強をしよう」なんて慌てることはありません。未来を見つつ、**今自分ができることをコツコツやっていればいい**んです。

「これが宿題かな?」「宿題の答えはこれかな?」とたまに引っ張り出して、「今は役割をしっかり……」とやっていれば、死ぬ時に宿題と答えがわかります。

「宿題どころか、役割もわからない」という人には、「自分を知ってください」とお返事しています。

【人生】自分がわからないなら心が喜ぶものを見つけにいこう

「自分がわかりません。どうしたらいい？」

この相談、かなり多かったです。「多かった」と過去形にするのは、相談料を安く設定していた時によく訊かれていたからです。再現してみましょう。

RINO　それで、どうしたいですか？

相談者　わかりません……。

RINO　では、好きなことは何ですか？

相談者　わかりません……。

ここまで読んでくれたあなたなら、こんな尋ね方をしてくれますね。

あなた　**自分がまだ見つかりません。**
RINO　**それで、どうしたいですか？**
あなた　**役割を探したいです。**

そうなんです。「わからない」じゃなくて、「まだ見つからない」だけです。
だから、探しに行きましょう。「遊ぶ」でも「仕事する」でも「人に会う」でもいい。今、持っているお金と時間でできることを経験しに行きましょう。
ヒントはたくさんあります。

好きなことは何ですか？

ずっとやってみたかったことはありますか？

すでにいろいろやってきたなら、その中で一番面白かったことは何ですか？

その面白かったことの、何が一番楽しかったですか？

例えば「裁縫が一番面白かった」とします。特に「子どもに作ってあげるのが楽しかった」。そうすると、この2つのワードを合わせれば、答えがあります。

また子どもに作ってあげたらどうでしょう。自分の子どもが喜ばないなら、知り合いの子どもに作ってもいいかもしれません。子どもを持つ人を対象にワークショップを開いても楽しそうです。

自分の頭の中や心の中で答えがわからない時は、外側に探しに行くといいです。

とりあえず**書店に行ってみる**のがおすすめです。ぐるーっと一回り歩いてみると、今の自分が求めているワードが目に飛び込んできます。

旅行に行くのもすごくいいです。いつもと違う環境に行くと自然にアンテナが立ちます。見慣れた環境で気付けないことにも目が行きます。

一番いいのは、**いろんな仕事をしてみて、何をした時に自分の心が喜ぶのか**を探ってみること。そのことで人も喜んでくれたら最高です。

【人生】徳を積むとロープウェイに乗れる

「徳を積む」という言葉があります。**徳を積んだ人たちにはエスカレーターとエレベーターとロープウェイができます**。

それはいったい何かというと、人間界の現象としては、例えばお金持ちの人や大手の企業が「一緒にやらない？」と引っ張り上げてくれたり。急にＳＮＳでバズったり。

「徳」とは、一般的には「良いことをすること」と認識されていますが、実はそうではなく、**自分も喜んで人も幸せにしたら徳１ポイント**です。

日本語では「ありがた迷惑」と言いますよね。良いことでも相手の迷惑になることもあって、それでは徳は積めません。

そもそも「自分が良ければいい」という人はどんどん孤独になっていきます。

反対に、「私は我慢してでも人のために」と頑張っている人は苦しそう。

私の観察の結果、一番徳を積めているのは自分も相手もハッピーな人だったんです。

自分と向き合って、「これが本当にやりたいことかな」と探り続けて、「相手が喜ぶ方法はどんなかな」と考えて、自分なりの方法でたくさん試してみてください。

それで実際に自分も相手も喜んだら「徳1ポイント」。そのポイントを積み上げていくと、そこにエスカレーターとエレベーターとロープウェイができてきます。

どんな小さなことでも、自分も相手も喜んだら同じ1ポイントです。

例えばレジの人に「ありがとうございます」とニコッとして、それで相手が喜んでくれたら1ポイント。たまたまレジに2人いて、**2人喜んでくれたら2ポイント**です。

ですから、世界を救ったりすれば一気にポイントが増えますね。

でも、例えば専業主婦で、家族に1日に何回も喜ばれていれば、人生トータルした時に、世界を救った人と同じくらいのポイントになり得ます。

［人生］自分らしくと自分勝手は違う

極端に言えば、最終的に自分らしく死ねれば人生は正解だと思っています。そこにたどり着かないから、また生まれ変わったりするのかな、と考えたり。

この「自分らしく」が本当に難しい。思い通りにいかない時に無理やり自分を通そうとするのは、単なる自分勝手です。「もういい」と投げやりになるのも自分勝手。**自分の都合が通らない中でも、それを通すにはどうしたらいいだろうと考える時に、自分らしさが伸びてきます**。

子どもは自由ですけど自分勝手だなと思います。周りを見渡す視野をまだ持たないから仕方ないですよね。

人生は円なので、自分勝手で生まれ、**周りの幸せも不幸せも知った上で、「自分はこうあるべき」とわかった時に、自分らしさにたどり着きます**。

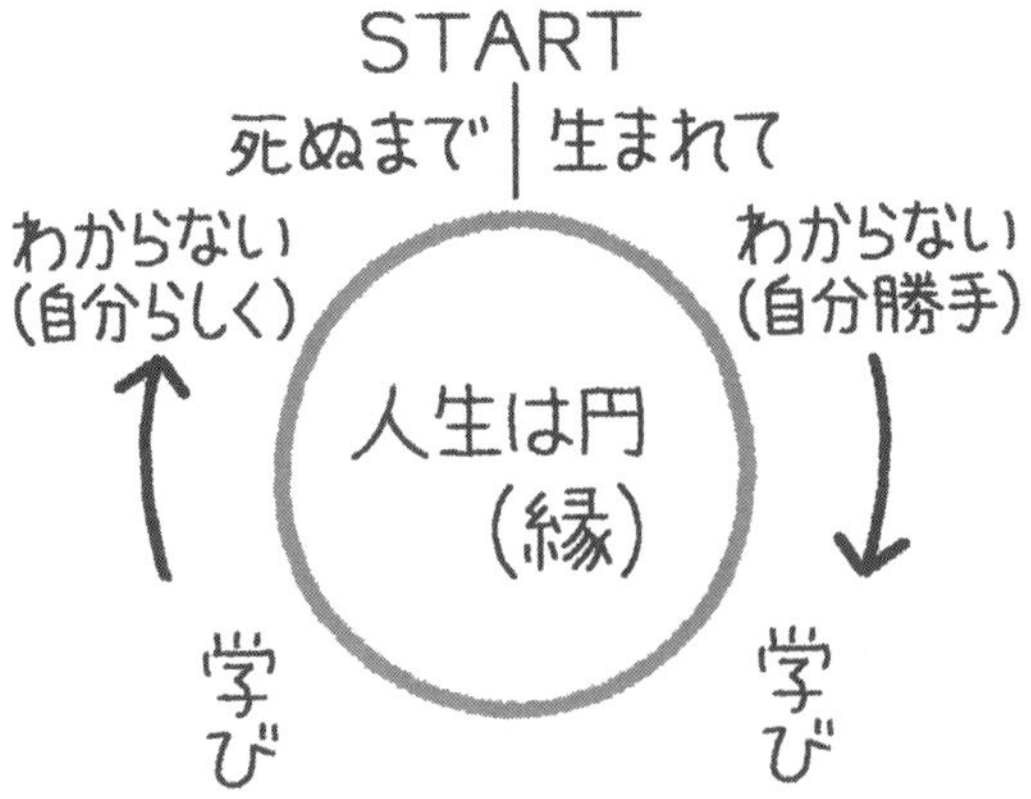

この円は縁でもあります。たくさんの縁が自分らしさを教えてくれます。

今この本を読んでくれているということは、20代？　40代？　50代？　いずれにしても自分勝手を卒業して、「私ってこうだよな」「違った。やっぱりこうかも」という旅の途中ですよね。ここらの世代が「自分らしさって何」と一番向き合う時間です。

私もまだまだです。「これが自分らしい」と完全に自覚できてはいません。

もうこれは死ぬまでの修行。一生かけて「これでいいのか？」「この先どう生きたい？」と問いかけて、常に向き合い、そして最後に「自分はこれで良かった」と死ねたら正解なのかな、と思います。

一つ確実に言えるのは、ネガティブ続きだった私ですが、この本に書いてきた考えに切り替えたことで、生きるのが楽になりました。

霊感・直感がありすぎるのも大変なんですよ。普通にしていてもいろいろ入ってきて、ある意味、情報の満員電車に押し込められているようなもの。「何も感じないほうが楽なんじゃないか」とずっと思っていました。

今もそう思うこともありますが、「この能力も私らしさ。どうせ満員電車に乗らなければいけないなら楽しんで乗ろう」と切り替えています。

それぞれ生まれてきた意味があります。役割があります。まず自分で自分を認めて、自分を生かしながら、どうすれば楽しくなるか、向き合ってもらえたらと思います。

答えが出なくてもどかしい時もあるかもしれません。けれど、「神さま＝自分」と信じて、お互いにいい旅を続けていきましょう。

番外編

スピリチュアルにまつわるよく訊かれる質問にお答えします

Q 幽霊っているの？

例えばスマホの電波も見えないけど、あるじゃないですか。ブラジルという国も日本からは見えてないけど、存在しますよね。なんなら隣に住んでいる人も、いつも見るわけじゃない。世の中「見えなくても、ある」もののほうが多くないですか？目で見えないから、ない・いない。そう言い切れるのはなぜでしょう？

それで私はどうかというと、普通に視えます。普通に視えて、普通に怖い。そう話すと驚かれますが、例えば蛇を見て「怖い」って言う人いますよね。一緒です。視えるから怖くない、ということはありません。

とはいえ、心配しすぎなくて大丈夫。楽しんでいる人や環境にとりつくことはありません。本当に楽しいと思うことをしたり、笑ったり、大声を出したりして波動を上げましょう。新しい塩を盛ったり、丁寧に作られたものを食べるのもおすすめです。

Q

お祓いは必要ですか？

「お祓いしてください」とよく依頼されます。地鎮祭、厄払い、除霊も……。そこで依頼者に「憑いているんですか？」と尋ねると、相手はキョトンとします。

憑いているかどうかわからないなら、お祓いの必要はありません。しきたりとか、厄年とか、そういうのも固定観念です。しかも、「厄年だ」「土地が悪い」という思い込みが厄介を引き寄せたりもします。

逆に、憑いていると自分でわかるなら、自分で取れます。幽霊のところに書いたように波動を上げれば大丈夫。ちなみに、盛り塩をするなら毎日替えてくださいね。

地鎮祭や祈祷は気持ちがいいし、いいきっかけになるのもわかります。でも、本来は人を立てなくていいものです。喩《たと》えるなら、取引先に挨拶するのに代理人を立てるようなもの。自分が住む家くらい、自分で挨拶すればいいと思いませんか？

Q 土地が悪い時どうしたらいい？

「ここ、なんか引っかかる」ということ、ありますよね。事前に気付いたなら別の場所にしましょう。そこに決めてしまったら？　大丈夫、やりようはあります。

というのも、悪い土地、悪い物件があるわけじゃなく、自分との相性なんです。つまり波動が合うかどうか。波動は常に変わります。だから自分が調子が悪い時に土地選びをすると、その波動に合った土地に当たってしまうわけです。

いずれにしても決めた土地や物件が悪いと思う時は、自分の波動を上げましょう。すると土地の波動も上がります。片付いた状態にして、生花でも、アロマ、キャンドル、音楽を使ったりして、「あー、幸せだ」「居心地がいい」と思える空間にすること。

その意味では、集合住宅はいろんな人の波動が混ざるので、やや難しいのですが。でも、あなたが平均値を上げるように頑張ってくださいね。

Q 天罰ってあるの？

ありますよ。神さま＝自分だから、自分が自分にバチを当てるわけですけど。「自分で蒔いた種」と言いますね。自分が何かをした時に種が蒔かれて、それ相応の実がなります。悪い種なら悪いことが起きて、それが天罰に感じられるというわけ。

でも、怖がる必要はありません。天罰が起こっても、それは「改善すべき点だよ」というお知らせなので。よりよくなるために気付かせてくれる、きっかけです。そう思うと、天罰でさえ「ありがとう」って思いません？

厳しいことを言うようですが、どんなことも本来の原因は自分です。仕事のこと、親の病気、結婚の問題……そういう関係なさそうなこともつながって起きています。

どうせならいい種を蒔いておきたいですよね。豊かな収穫につながるように。

ただし断っておくと、実るまでには時間はかかります。楽しみに育てましょう。

Q

神社の御神木＝神さまですよね？ということは、御神木も自分？

御神木は樹です。植物です。

実際に訊いてみると「われは御神木なり」みたいな自覚は、彼らにはないです。そうなんです。どんなに立派な大樹も、うぬぼれ屋さんはめったにいない。そこがすごい。

雨にも風にも負けないで純粋にまっすぐ大きくなって「立派だぁ」って思うんですけど、そう伝えても「ただ伸びただけ」と、返してくる。何千年も生きていて、いろんな話をしてくれるから、そこも感心すると「ただ見てきただけ」と、おごりがない。

あ、樹も喋りますよ。誰とでも喋ります。「樹は喋らない」と思い込んで訊く気がないと喋らないかもしれないけど。でも、それは人間同士でも同じですよね？

今度、話しかけてみてください。

Q 宗教とは、洗脳？

宗教は人の道を説くもの。当たり前で大切なことを言うもの。これが私の定義です。けれど、どんなにいい道具でも、うまく使える人とそうじゃない人がいるように、宗教の使い方が下手で、不幸になっている人がいます。それが洗脳。

宗教で言われるから鵜呑みにしているのか。それとも、自分で考えたことが宗教の答えと一致したのか、あえてそれを自分が選んだのか。この境界線、難しいですけど。

例えば、テレビやネットの広告を見て「これいいな」「欲しい」と思うのは、洗脳なのか、自分の意思なのか。「これが正しい」「こうすべき」と思うのは、親や上司の言いなりなのか、それとも自分で噛み砕いた上での判断なのか。難しいですよね。

スピリチュアルなことも、日常のことも、全部一緒です。「今のこの考えは、どこから来ているの？」。そう、自分に常に問いかけてほしいです。

Q どんな風に人の未来が視えるの？

一般的な占いは今から1、2か月先、長くて2、3年先を視るものがほとんどですが、私は50年先を視ています。「死ぬ時に幸せであってほしい」という気持ちで最初にゴールを視て、そこから逆算して視ていきます。だからたまに期待される答えとちょっとズレたりしますが、私としては、その人の魂の先の話をしているんです。

やっぱり「そちらに行かないほうがいい」という未来が視えることもあります。けれど本人が行きたがっていたり、どうしても行かなければならない事情がある。そんな時に、どうその人を守りながら行かせてあげるか。そこが私の仕事で大事なことだ、と心しています。そもそも未来はいくつもあるし、運命は変わりますからね。

自分の人生は10年ごとのポイントが視えます。２０２４年は「◎」がついていて「大事なものを残す」と認識していました。その通り、この本の出版が叶いました。

Q　占いは高額なほど当たる？

はっきり言って、占いは無料のものでいいです。

未来が視えるのは、あなた自身の直感力も同じですから。せっかくお金を使うなら、占いの答えをもらうより、直感力を磨くほうを頑張りましょ。

もちろん、占いの言葉で背中を押されるという、1つのきっかけにはなりますよね。でも、あえて言いますけど、それなら例えばYouTubeでたまたま目に入った動画を「これが答えだ！」と採用して行動を起こしたっていいわけです。

それでも占いが好きなら、占いを正しく使ってもらえたらと思います。それは「何を言われたか」より、「言われたことを自分がどう捉えたか」を大事にすることです。「この占い、当たった」「この占い師は当たらない」……って、その経験をいくら積んでも何にもつながらないです。占いの評論家になりたいなら話は別ですが！

Q

オーラの正体は？

オーラは特別なものじゃなく、みんな視えて感じています。「いや、視えない」という人も、「この人、元気だな」とか、「今は近づかないほうがよさそう」というように、相手が出しているものがわかりますよね。それ、オーラです。

よく「あなたのオーラはピンク」なんて色で言ったりしますが、これも単に、私たちが普通に持っている色のイメージを、その人の印象にあてはめているだけ。「ピンクのオーラ＝優しそう」という、相手に対する表現の一つです。

だから、オーラが視える・感じるところまでは、普通の顕在意識なんです。

その先の「なぜ、そんなオーラを出しているんだろう？」「自分はどうしてそう感じるんだろう」という部分から潜在意識の領域になってきます。オーラが視えることがすごいんじゃなく、そこから一歩深く洞察しようとするところが肝心です。

Q 直感力を上げるとテレパシーも使えるようになる？

もちろんです。というか、すでにみんなテレパシーは使っていて、直感力を磨くと、こちらが飛ばしているのか相手が飛ばしているのかがわかったりします。

そもそも私たちは、たぶん9割以上、テレパシーで会話しています。例えば沖縄の怪談話ではよく海が出てきます。ビーチに大きなガジュマルの樹があって、そこから人が降りてきて……と話すと、みんな「キャーッ」って叫びます。これ、テレパシーでイメージが飛んでいるからです。

こんな風に簡単に使えるテレパシーが純粋に回転しなくなる時があります。1つは損得が入る時。もう1つは目で見える物事や思い込みに囚われる時。

だから一番テレパシーを使いたい好きな人や家族、大事な関係には「こうあってほしい」という損得感情や固定観念のせいで、かえって伝わりづらいんです。

Q 前世はある？

肉体は1度きりで、そのつど終わり。けれど魂は生まれ変わります。それが輪廻転生。だから「前世はある」というのが、私の中では当然の話。

例えば、前世で魔法使いだった人たちがいます。今は自覚がなくても、なぜか動物と意思疎通できたり、やたら植物を育てるのがうまかったり、こっそり魔法関連の本を集めていたり。そんな風にみんな前世の名残が残っていたりするんです。

前世でお姫さまだった人もいました。今は普通よりちょっと上の家庭に生まれて、それでも「家が狭い」と不満が止まらない。前はお城だったから比べるんでしょう。

今世で暴走族だった人と話していたら、侍に囲まれている姿が視えました。そう伝えると「なぜか新撰組が気になってました」と言う。馬がバイクになったんですね。

あなたも今の仕事や得意なこと、好きなことは、過去にも携わっていたはずですよ。

Q カルマって？

人間関係でいうと、何回生まれ変わっても毎回メンバー構成は同じなんです。今の家族とはやっぱり近い関係だったし、今一緒に仕事している人とはきっと前にも何かをやっていたはず。初対面で「会ったことがある気がする」とか「仲良くできる気がする」というのは、前世でもそういう仲だった記憶を感覚的に受け取っているというわけ。道ですれ違うだけの人も、前世でもすれ違う仲だったんですよ。

今のあなたは、そんな輪廻転生の結果です。例えば辛い境遇に生まれたのは、前世でサボったか。そのぶん重いカルマになって今世で取り組む宿題が増えたんですね。

今回は宿題にしっかり向き合っていきましょう。逃げると次の人生も同じところからスタートになります。逆に「やり切った！」となれば、豊かさとして蓄積されます。

そして宿題を全部解いたら地球レベルは卒業です。生まれ変わりはないでしょう。

Q 死んだら……どうなるの？

人が亡くなると、バスが来ます。そのバスに乗って魂は天界に向かいます。すーっと吸い込まれるイメージです。何も怖がることはありません。

実際のバスは発車時間になると出発しますね。同じように、お迎えのバスも時間が来たら走りだします。ところが「嫌だ。まだ行きたくない」という魂があります。この世に未練が残っていて、ぐずぐずしている間にバスに乗り遅れてしまいます。

そういう魂のために霊媒師がいます。心肺停止した。供養もしている。だけど魂が天界に行っていない気がする、と親族の方が気付いて私たちが呼ばれます。

霊媒師が手を合わせて何をするのかというと、もう一度バスを呼ぶ。バスに乗せて、天界の入り口まで届けるのが私たちの役目です。

そのバスは天界の入り口、いわゆる三途の川の手前でいったん停止します。

Q

死後の世界も視えるの？

こればかりは私にも視えません。他の霊媒師にも確認しましたが、死後の世界について本当のことを話せる人は、地球上に1％いるかいないかです。

三途の川の手前までなら私も霊視で行けますが、「ここから先は入ったらダメ。戻れない」とわかるから、ブレーキがかかるんです。その先は死者しか行けません。

死者が川の手前に行くと、なぜ自分が死を迎えたのか、生きている間に理不尽な思いをしたならそれはなぜなのか、すべて叩き込まれます。そして、納得します。納得すると、川を渡ります。それが成仏です。どんなに恨みがあっても、後悔があっても、強制的にでも納得させられるので、成仏できないというケースはありません。

その瞬間に魂が肉体から抜けます。その時点でこの世の苦行から解放されます。亡くなった日を命日（命の日）と書くのは、命が解放された新しい始まりだからです。

Q

愛って何ですか？

例えば、生まれてすぐに親に捨てられた。だから、愛されてない。これ、違うんです。あなたという命が宿ったことが愛なんです。愛の結晶なんですよ。

男と女が交わったことが愛の形の一つであって、さらに精子と卵子がくっついて「魂を宿していいよ」となった時点で、創造主の愛をもらっている。十月十日の間も愛に包まれているし、「生まれていいよ」という許可が出るのも愛。肉体として生まれることも愛だし、生まれてからたくさんの人に愛されるのも愛。みんな、いくつも愛をもらっています。

そして、自分が感じたり、相手が出す感情も、すべて魂から生まれる愛のバリエーション。憎んだり、嫌ったり、ムカついたりするのも愛の裏返しです。愛がないと、どんな感情も出てきません。愛の形はいっぱいあって、その全部が愛なんですよ。

Q

それでも愛がよくわかりません。

そうですね。私もずっと、どう言ったらいいかな、と言葉を探してきました。もしかしたら、みんなそれぞれが死ぬ時まで正解を探すものかもしれません。

探すためのコツとして伝えたいのは、「愛とは？」という妄想をいったん手放してみること。愛とは優しさ、思いやり、大切にされること、みたいな何でもいいんですが、そういう先入観が執着になって、それ以外を愛と思えなくなりがちです。

そして、もう1つ。正解は言葉じゃないのかもしれません。

私は沖縄から内地に出て、湯船に浸かるという文化を知りました。超〜気持ちい い！　これが40度っていう温度なの!?　と、全身で感じました。

そんな感じで、ある日突然「これが愛なのね」と、わかるかもしれません。言葉じゃなく。そんなことも、ぜひいつか一緒に答え合わせできるといいですね。

おわりにかえて

親愛なる皆さまへ

人は、信じるものがあってこそ強くなれます。

その信じるものの違いで争ったり、人を否定してしまったりするかもしれません。

自分の中に神さまがいる、私たちの思う神さまは自分なんだ！　と気付くと、今まで信じていたものや強くあれたことが怖くなり、弱くなってしまうかもしれません。

それでもいいのよ。

それが人だから。

弱さの中に強さがあり、苦しみの中に喜びがあったり、今までの神さまがいないことで怖くなったり、自分がわからなくなったりする。

だから、周りがいるんですよ。

人って一人じゃ生きていけないんですよ。

それぞれの中の神さまを尊重して、自分の人生を見つけてください。


この本を手に取ってくださり、本当にありがとうございます。

一気に頭に入れようとしなくて大丈夫です。お守りのように手元に置いてもらって、読みたい時に読みたいページを開いてください、という気持ちで作った本です。

お守りにしてはちょっと大きくて重いですけどね！


神社のお守りにしても、お札やチャームも、それ自体にパワーがあるわけじゃないです。この本もそうです。

お守りを見て、「そうだ！　神さま＝自分だった」と思い出したり、「今、向き合う時だ」とピンときたり、「大丈夫。なんとかなる」と心強く思って、行動を起こした結果、「お守りのおかげでこうなれた」となります。

直感→行動→直感→行動の繰り返しで人生は変わります。

そのためのお守りです。

愛用してもらえたら嬉しいです。


本のモチーフになっているマークは「七芒星《しちぼうせい》」というもので、「不可能を可能にする星」だそうです。普通には一筆描きできないところ、描き方を知って練習すると誰でも描けるようになります。それを知った時「おぉっ！　かっこいい！」と感激して、七芒星のタトゥーを彫りました。

タトゥーを先輩に見せて自慢したら、「不可能を可能にする労力がもったいない。可能なことからやれ」と言われて、それも一理ある……と大笑いしたんですが。

とにかく、普通にはできなそうな直感・第六感もやり方を知って練習すれば使えるようになるし、そもそも「神さま＝自分」だから不可能を可能にできます。ただし、一気に飛び級しようとしないで、可能なことからコツコツと。

そういうすべてを含めて、このマークと通じる気がしています。

「不可能を可能に」だなんて、スーパー・ポジティブなことを言っている私が、それに気付けたのもネガティブからでした。

「自分は何もできない……できない……」と思いながら、23歳まで生きていた私。

「勉強ができない」「定職にもまともに就けない」、おまけに「可愛くないから外に出るなら帽子で顔を隠しなさい」とまで言われて育ち、しかも根本がネガティブだから「そうだよな」と受け取っていました。

それが、前に書いた牧師のアーサーさんからある言葉をもらって、変われたんです。

その言葉自体はどうしても思い出せないのですが、とにかく自分の中で、

「何もできない自分が今あるのは、周りのおかげじゃない？　なんてありがたい！」

という考えに切り替わりました。

迷惑をかけてしまうかもしれないけど、感謝をしながらであれば、みんなもっと自

由に生きていいし、楽しんでいいんだよ、ということ。みんなが気持ちよく豊かになったら、みんなが幸せになれる、ということ。

肉体を持ちながらでも、魂の豊かさは手に入る、ということ。

「これ、言っていいんだな」と思った数日後、インスタライブで勝手に口が動いて、それから半年も経たず、一気に話を聞いてくれる人が増えました。

それを今回、文字という形の言霊にすることができました。

地球で生きるのは本当に大変なことです。やるべきことがたくさんあります。現実的な生活や仕事もやりつつ、スピリットの部分も整えて、先々も見ないといけない。頭も体もフル回転で忙しいですよね。

そんな中、人生でつまずいたり、ずっこけたり、なかなか起き上がれなかったり。この世が大停電のように真っ暗闇に見えたり、自分の心の炎が消えそうだと思える日もあるかもしれません。

でも、そこで終わりじゃないです。リレーで転んでちょっと後れをとっても、また走れますよね。ゴールまで行けますよね。

そこで原動力になるのが、「自分はどうしたいか」なんです。「自分らしく生きたい」、「これをやり遂げたい」と思う人が、立ち上がってまた走れます。

走っていれば心にポッと灯りがついて、しかも灯りの灯った仲間同士が集まってくるので、真っ暗闇も終わります。その時は必ずやってきますから。

ゆーうがみさー　ＲＩＮＯ

ゆーうがみさー
RINO

沖縄に代々伝わるユタとゆーうがみさーの家系に生まれる。「りのすぴ」の愛称で本質や直感、心の声に向き合うことで、自分を知り、人生を前向きに、豊かに生きるためのメッセージを発信している。
誰しもが自分の中に持つ「内なる龍」に気付くことの大切さや重要性をわかりやすく伝える。Instagram や YouTube での発信のほか、全国でトークイベントを実施している。

Instagram @ yu_ugamisar
YouTube @ rinospiritualokinawa

一瞬《いっしゅん》で人生《じんせい》が変《か》わる
神《かみ》さま＝自分《じぶん》の法則《ほうそく》

2024 年 12 月 20 日　初版発行

著　者　RINO《リノ》
発行者　山下直久
発　行　株式会社 KADOKAWA
〒 102-8177 東京都千代田区富士見 2-13-3
電話：0570-002-301（ナビダイヤル）
印刷所　TOPPANクロレ株式会社
製本所　TOPPANクロレ株式会社

ISBN 978-4-04-607116-3 C0095